Aktionstabletts

Buch 2

---

70 weitere geniale Lerntabletts für Krippe, Kindergarten und Vorschule zur Förderung der Konzentration und Feinmotorik - Spielerisch zu großen Lernerfolgen

Dieses Buch gehört:

____

____

INHALT

Vorwort

Kinder wollen beschäftigt werden – und das am liebsten den ganzen Tag. Mit diesem Satz beginnt bereits der erste Band zum Thema Aktionstabletts. Da die Themen so zahlreich und unterschiedlich sind, habe ich kurzerhand beschlossen, nicht ein Buch, sondern zwei zum Thema herauszubringen.

Band 1 hat Ihnen Aktionstabletts zu Themen rund um den Menschen, Tiere, Pflanzen und zahlreichen anderen Dingen vorgestellt. Aber es gibt noch so Vieles mehr, mit dem man Kindern vielseitige und abwechslungsreiche Aktionstabletts bereitstellen kann.

In diesem Band stelle ich Ihnen zahlreiche Aktionstabletts zu folgenden Themen vor:

- Aktionstabletts für Krippenkinder
- Aktionstabletts im Kindergarten
- Aktionstabletts im Vorschulalter
- Die Zahlen
- Die Buchstaben
- Musik
- Experimente
- Elemente
- 3-D Aktionstabletts

Neben dem vielseitigen Spielzeugangebot im Kindergarten werden auch hier die Tabletts wieder eine tolle Möglichkeit für Abwechslung bieten und die Kinder beim Lernen unterstützen.

Kinder sind von Natur aus neugierig und wissbegierig. Kinder wollen daher gefordert und gefördert werden. Die alltägliche Arbeit mit Kindern umfasst viel mehr, als das „nur mal eben Beschäftigen", Nahrung für sie zuzubereiten und aktiv am Leben teilzunehmen. Eltern, ErzieherInnen oder auch Großeltern haben eine gewisse Verantwortung inne. Ihnen stellt sich die Aufgabe, dem Kind eine bestmögliche Förderung zu gewährleisten.

Jedem Kind soll es möglich sein, sich zu einem eigenständigen Individuum zu entwickeln. Die Erwachsenen können dabei wunderbar durch Beobachtungen festgelegte, fördernde Angebote für das Kind anbieten. Hierzu zählt auch, dass jedem Kind genügend Raum und Zeit zur Verfügung steht, damit es sich ungestört mit seiner Umwelt auseinandersetzen kann. Das Alltagsgeschehen steht hierbei im Vordergrund. Immerhin muss ein Kind lernen, wie es sich in eben diesem möglichst selbstständig zurechtfinden kann.

Aber wie soll dies in einem hektischen Alltag und mit möglichst wenig Aufwand gelingen? Funktioniert das überhaupt? Ja, es funktioniert!

Maria Montessori hat die Pädagogik geprägt, wie keine andere. Für sie stand im Vordergrund, dass man Kinder dabei unterstützen sollte, die Dinge selbst anzugehen. Daher auch der Leitsatz: „Hilf mir, es selbst zu tun."

Die Aktionstabletts setzen genau hier an. Die darauf angebotenen Aktionen regen die Kinder zum selbstständigen Forschen, Experimentieren und Lernen an. Durch die einfach formulierten Aufgaben stellen sie keine Probleme für die Kinder dar. Sie werden schnell begreifen und handeln. Dabei können sie die Aktionen so oft wiederholen, wie sie es selbst möchten.

Vielleicht hat der ein oder andere bereits etwas darüber gehört, sich aber noch nicht getraut, dieses pädagogisch wertvolle Angebot in die Praxis zu integrieren, da ihm die Erfahrungen damit fehlen.

Ich möchten Ihnen daher erklären, was Aktionstabletts überhaupt sind, welche Ziele deren Anwendung verfolgen, welches Material sich eignet, aber auch, welche Rahmenbedingungen erforderlich sind, um diese im Alltag mit einzubeziehen.

Aktionstabletts finden immer mehr Zuspruch unter Erziehern und Pädagogen, da diese den Kindern nicht nur ein Angebot bieten, sie zu beschäftigen, sondern diese ideal fördern und Wissen vermitteln können.

Auch in diesem Buch werden Sie zahlreiche Angebote und Ideen finden, die Sie in Ihrer täglichen Arbeit mit Kindern oder als Eltern umsetzen können. Also: seien Sie mutig und probieren Sie es selbst aus.

Ich wünsche gutes Gelingen und viel Freude daran, die Kinder in ihrem Tun zu beobachten und zu unterstützen!

Kapitel 1 - Wichtige Informationen vor dem Einsatz der Aktionstabletts

Beginnen wir zunächst einmal mit der Frage, was ein Aktionstablett überhaupt ist. Wie es der Name schon verrät, handelt es sich hier um ein Tablett, auf welchem mit verschiedenen Materialien Aktionen durchgeführt werden können. Welche Materialien Sie hierfür verwenden, hängt zum einem vom Alter des Kindes, aber auch vom jeweiligen Thema ab. Hierzu werden Sie im Kapitel 4 Material noch etwas ausführlicher informiert.

Sie sind flexibel einsetzbar und leicht zu transportieren. Gestaltet werden diese je nach Thema und Entwicklungsstand des Kindes. Das Schöne daran ist, dass man sie immer wieder neu gestalten kann.

Mit den Materialien, welche sich auf dem Tablett befinden, gehen immer bestimmte Aktionen einher. Mal ist es das Sortieren, mal das Malen, das Experimentieren, aber auch das Zählen und im Vorschulalter sogar das Buchstabieren einfacher Wörter.

Wichtig ist, dass die Aufgaben, welche das Tablett vermitteln möchten, leicht zu verstehen sind, sodass das Kind selbstständig agieren kann. Dementsprechend sollte auch das Material so einfach wie möglich gehalten werden.

1.1 WELCHE RAHMENBEDINGUNGEN MÜSSEN GESCHAFFEN WERDEN?

Damit man die Aktionstabletts optimal einsetzen kann, ist es nicht nur wichtig, zu wissen, was das überhaupt ist, sondern auch, welche Bedingungen vorherrschen müssen. Zum einen muss das Tablett gut vorbereitet sein. Die Materialien nützen nichts, wenn sie für die Erfüllung der Aufgabe nicht vollständig vorhanden sind. Hier ist die Planung und Vorbereitung von Ihnen gefragt.

Des Weiteren braucht man einen Ort, wo man diese anbietet. Hier ist es wichtig, zu wissen, welcher sich besonders gut eignet. Hierzu erfahren Sie im Punkt 1.3 noch etwas mehr.

Um das Tablett vorbereiten zu können, sollten Sie sich Gedanken darüber machen, was für welches Alter geeignet ist.

Zudem spielt es auch eine Rolle, was Sie mit der Aufgabe des Tabletts erreichen möchten. Hier kommen die Ziele ins Spiel. Eine gute Beobachtung des Kindes oder der Kinder ist hier Voraussetzung, denn so können Sie erfahren, welche Interessen vorherrschen und in welchen Bereichen Sie das Kind fördern können.

Ebenso wichtig ist, dass die Kinder erst einmal an die Tabletts herangeführt werden und die Regeln im Umgang mit dem Tablett kennenlernen. Im Punkt 1.8 werde ich darüber genaue Auskunft geben. Es ist ebenso wichtig, zu klären, wie viele Kinder an dem Tablett arbeiten und wie viel Zeit ihnen dafür zur Verfügung steht. Im Punkt 1.4 gibt es darüber genauere Informationen.

1.2 WIE FÜHRT MAN DIE KINDER HERAN?

„Es gibt etwas Neues zu entdecken! Das muss ich ausprobieren!" So in etwa können die Gedanken eines Kindes sein, wenn etwas Neues eingeführt wird. Doch damit das Material auch ordentlich und zweckerfüllend genutzt wird, sollten Sie sich die Zeit nehmen und den Kindern das Aktionstablett erst einmal vorstellen.

Hierfür eignet sich ein Stuhlkreis, in dessen Mitte Sie das Tablett positionieren, denn so können es alle Kinder gleichzeitig betrachten. Erklären Sie den Kindern, was es damit auf sich hat, und zeigen Sie den lieben Kleinen am besten ein oder zwei Übungen. Natürlich können Sie auch die Kinder selbst bitten, die Aktion auszuprobieren, damit diese ein Gefühl dafür bekommen.

Vereinbaren Sie mit Ihrer Gruppe einen festen Platz, wo das Tablett gelagert wird, damit die Kinder zu jeder Zeit wissen, wo sich dieses befindet und freien Zugang haben. Erklären Sie ihnen auch, dass die Angebote darauf wechseln und nur Sie die Materialien austauschen werden. So verhindern Sie ein Chaos und dass das Material verschwindet.

Gestalten Sie den Morgenkreis nicht zu lange, denn so geht die Neugier der Kinder schnell vorüber. Beschränken Sie sich also darauf, nur das Notwendigste zu erklären. Hierzu zählen auch die Regeln im Umgang mit dem Tablett.

1.3 WO BIETE ICH DIE AKTIONSTABLETTS AN?

Die Tabletts können in der Krippe und auch im Kindergarten, sogar im Hort oder privaten Bereich angeboten werden.

Natürlich geht es in Kindereinrichtungen turbulenter zu als zu Hause. Daher ist es von Bedeutung, dass man einen Platz findet, welcher dem Kind Ruhe bietet, um die Aufgaben zu bewerkstelligen. Hierfür eignet sich beispielsweise ein kleines, separates Zimmer, welches hauptsächlich mit Materialien und Tabletts eingerichtet sein kann. Aber leider ist es oftmals so, dass das Gebäude nicht immer eine solche Möglichkeit bietet.

Vielleicht arbeiten Sie aber nach dem offenen Konzept oder setzen die Montessori-Pädagogik bereits in Ihrer Einrichtung erfolgreich um. So lassen sich die Tabletts auch in Räumen einsetzen, in welchen sich mehrere Kinder aufhalten.

Wichtig ist, dass die Kinder das Tablett auf einen Tisch stellen, um so besser agieren zu können. Zudem bietet das Arbeiten am festen Platz auch die Möglichkeit, besser Ordnung zu halten und auf die Materialien zu achten. Die Umgebung des Kindes sollte zudem ruhig sein, sodass es sich voll und ganz auf die Lösung der Aufgabe konzentrieren kann, welche es zu bewältigen gilt.

Ebenso sollte genügend Platz um das Tablett herum existieren, damit das Kind die Materialien dort ausbreiten kann. Auf dem Tablett selbst wird dann die Aktion durchgeführt. Beachten Sie auch, dass der Arbeitsplatz des Kindes mit ausreichend Licht versorgt ist, damit die Augen nicht beeinträchtigt werden.

1.4 WIE LANGE SOLLTEN SICH DIE KINDER MIT DEM TABLETT BESCHÄFTIGEN?

Eine Frage, auf welche viele sicher eine feste Zeit als Antwort erwarten. Aber diese gibt es hier nicht. Das Kind entscheidet selbst, wie lange es mit dem Tablett arbeiten möchte und ob es diese Aktion sogar wiederholt. Man sollte die Kinder in ihrem Tun auch nicht unterbrechen, weil man der Meinung ist, sie hätten sich nun schon genug damit beschäftigt. Die Folgen hier wären beispielsweise, dass man ihm eben nicht hilft, es selbst zu tun und seine Bereitschaft, Lösungen zu finden, oder Dinge durch Wiederholungen zu erlernen, beeinträchtigt.

Bei bestimmten Themen, wie beispielsweise Aktionstabletts zu bestimmten Jahreszeiten, kann man jedoch im Vorfeld mit den Kindern besprechen, dass die Angebote nur für eine gewisse Zahl an Tagen oder

Wochen zur Verfügung stehen und diese anschließend mit neuen Dingen zur Jahreszeit ausgestattet werden. Die Angebote auf den Tabletts sollten aber keinesfalls schon nach zwei Tagen getauscht werden. Immerhin wird Ihre Kindergartengruppe nicht aus zwei oder drei Kindern bestehen. Es sollte jedem Kind, was Interesse an dem Tablett hat, die zeitliche Möglichkeit gegeben werden, sich an eben diesem zu versuchen.

Eine Sache, die noch wichtig ist, ist, dass die Aufgabe des Tabletts gelöst werden sollte. Wie schon einmal kurz erwähnt, sollten die Aufgaben daher so einfach wie möglich, nur mit tatsächlich benötigtem Material und verständlichen Aufgaben vorgegeben sein. Falls ein Kind die Lösung auch nach einigen Versuchen nicht finden kann, so greifen Sie nicht direkt ein. Geben Sie dem Kind die Möglichkeit, sich von selbst an Sie zu wenden. Wenn es dazu kommt, dass es Sie mit einbezieht, ist es nach Montessori erforderlich, die Lösung nicht direkt vorzugeben, sondern dem Kind lediglich einen anderen Lösungsweg näherzubringen. Sie können dem Kind auch raten, dass es an dieser Aufgabe erst am nächsten Tag weiter arbeitet, sodass es Zeit hat, sich Gedanken über eine andere Möglichkeit der Lösung zu machen.

1.5 WO WERDEN DIE TABLETTS GELAGERT?

Damit die Kinder freien Zugang zu den Tabletts haben, sollten diese in einem offenen Regal gelagert werden.

Essentiell ist es, die Regale wirklich nur für die Tabletts bereitzustellen. Wenn sich darin andere Arbeitsmaterialien und Spielsachen befinden, führt dies dazu, dass die Kinder, aber auch Sie selbst, den Überblick verlieren können. Arbeiten Sie außerdem mit Piktogrammen, das sind kleine Bilder, welche Sie an die Stelle vom Regal anbringen können, auf welchen zu sehen ist, was auf das jeweilige Tablett gehört. Da Sie das

Material immer wieder austauschen, empfiehlt es sich, die Piktogramme mit Klettbändern anzubringen.

1.6 KÖNNEN DIE TABLETTS DEN ELTERN PRÄSENTIERT WERDEN?

Es ist natürlich eine schöne Idee, dass die Arbeiten auf den Aktionstabletts auch den Eltern präsentiert werden. Zudem möchten die Kinder ihren Eltern selbst auch zeigen, was sie bereits geschafft haben und können. Hierzu kann ich Ihnen aber schon einmal sagen, dass Sie gar nicht den Platz haben, diese auszustellen.

Arbeiten Sie daher viel mit Fotos und halten Sie die Aktionen der Kinder darin fest. Diese können Sie zudem auch in das Portfolio der Kinder einsortieren, da man anhand von Bildern, gerade wenn sich das Kind mehrfach an den Aufgaben versucht, die einzelnen Entwicklungsschritte festhalten kann. Die Eltern haben beispielsweise bei einem Elternabend, welcher sich explizit um die Aktionstabletts handelt, die Möglichkeit, diese anzuschauen und auch selbst auszuprobieren.

Vielleicht haben Sie auch die Möglichkeit, einen Eltern-Kind-Nachmittag zu gestalten, an welchen die Kinder ihren Eltern zeigen, wie sie mit den Tabletts arbeiten. Hierfür ist es aber ratsam, die Aktion auf mehrere Zimmer zu verteilen, da sonst die vorausgesetzte Ruhe nicht gewährleistet werden kann.

Das Festhalten von Beobachtungen wird immer moderner. Unter Berücksichtigung der Datenschutzbestimmungen bzw. der Tatsache, dass die Eltern erlauben, Fotos oder gar Videos zu dokumentieren und zu präsentieren, können Sie auch darüber nachdenken, einen Bildschirm im Flur anzubringen, wo sich die Eltern die Aktionen ihrer Kinder anschauen können, wenn sie mit den Tabletts hantieren. Natürlich ist dies eine kostspielige Angelegenheit und muss durchdacht werden.

1.7 WELCHE ZIELE VERFOLGT MAN MIT DEN ANGEBOTSTABLETTS?

Widmen wir uns nun den Zielen, welche mit den Aktionen auf den Arbeitstabletts einhergehen. Bedenken Sie jedoch auch, dass nicht alle Tabletts die gleichen Ziele verfolgen. Je nach Thema und Schwierigkeitsgrad können diese variieren.

- Förderung der Grob- und Feinmotorik
- Konzentration und Ausdauer
- das Wahrnehmen eigener Stärken und Schwächen
- eigene Fähigkeiten und auch bisheriges Wissen einschätzen und anwenden
- Lust zum Experimentieren
- sich auch mal an schwierige Aufgaben heranwagen
- eigenständig Entscheidungen treffen
- eigenständig nach diesen handeln
- das Selbstvertrauen und Selbstbewusstsein werden aufgewertet
- Kinder entwickeln ein Selbstkonzept („Ich kann das schon und möchte jetzt das lernen.“)
- sprachliche Konzepte
- Kind wird auf das praktische Leben vorbereitet
- das Ergebnis der eigenen Arbeit wird erlebt
- Anregung der Fantasie
- Sortieren von Dingen (rote Klammer in rote Schüssel)

Dies sind Ziele, welche man mit fast jedem Tablett erreichen kann. Im folgenden Text werde ich Ihnen aber auch weitere Ziele speziell zu einigen Thementabletts auflisten.

Thema Mathematik

- Zahlenfolgen erlernen
- Mengen und Größen erfassen
- Zählen im Zehnerbereich und rückwärts
- Interesse an Zahlen wird geweckt

Thema Buchstaben

- Buchstaben kennenlernen
- erste Wörter legen
- Interesse an Buchstaben wird geweckt
- erste Wörter lesen

Thema Jahreszeit

- Unterschiede kennenlernen
- Reihenfolge der Jahreszeichen
- Kennzeichen der Jahreszeiten

Andere Themen

- Berufe kennenlernen
- Tierwelt kennenlernen
- Pflanzenwelt kennenlernen
- Obst und Gemüsesorten kennenlernen

Sie sehen, dass jedes Tablett ähnliche, aber auch individuelle Ziele haben kann. Daher ist eine gute Planung und Vorbereitung immer im Auge zu behalten. Orientieren Sie sich immer an den Entwicklungsständen und Interessen der Kinder, wenn es um die Vorbereitung geht. An diesen können Sie auch die Ziele, welche Sie mit den Tabletts erreichen wollen, festlegen.

1.8 WELCHE REGELN GIBT ES?

Wie zu jedem Spiel gibt es auch hier Regeln, die den Ablauf des Spiels und den Umgang determinieren.

Im folgenden Text finden Sie die Regeln, welche für unsere Aktionstabletts wichtig und unabdinglich sind.

- ✓ es wird am Tisch gearbeitet
- ✓ nach dem Spiel alles wieder aufräumen
- ✓ zurück an seinen Platz stellen
- ✓ maximal drei Kinder zusammen
- ✓ die Materialien werden nicht gemischt
- ✓ das Tablett dient als Arbeitsfläche, darauf wird gearbeitet
- ✓ eigenes Tempo darf bestimmt werden
- ✓ keiner greift ein, solange das Kind nicht um Hilfe bittet

1.9 DIE AUFGABE DES PÄDAGOGEN

Das Kind soll und vor allem darf es zu einem eigenständigen Individuum heranwachsen. Dafür brauchen Sie niemanden, der ihnen alles vorgibt, sondern jemanden, der sie auf ihren Wegen begleitet und unterstützt. Und da kommen in erster Linie die Eltern und ErzieherInnen ins Spiel.

Ist das Kind mit einem Aktionstablett zugange, hat die pädagogische Fachkraft die wunderbare Aufgabe, diese in seinem Tun zu beobachten und die Fortschritte und Vorlieben des Kindes festzuhalten. Dies kann schriftlich, aber auch mit Bildern geschehen. Durch die intensive Beobachtung kann die Fachkraft den Schwierigkeitsgrad des Tabletts nach gewisser Zeit anheben und das Angebot ausbauen. Wichtig ist, dass man dem Kind die Zeit für das Lösen einer Aufgabe gibt, die es braucht, und nicht zu voreilig die Angebote verändert.

Die Angebotstabletts können wunderbar in den Kindergartenalltag integriert werden. Daher ist es wichtig, die aktuellen Interessen und Entwicklungsstände der einzelnen Kinder im Blick zu halten. Wenn sich die Kinder selbstständig und in Ruhe mit den Tabletts beschäftigen und der Pädagoge nicht mehr zwingend beobachten muss, kann dieser die Zeit nutzen, um andere Dinge zu erledigen.

Kapitel 2 – Allein oder mit Freunden?

Im vorangegangenen Kapitel haben wir über die Rahmenbedingungen, Ziele, Regeln und Aufgaben der Pädagogen gesprochen, wenn es um den Einsatz der Aktionstabletts geht. Es stellt sich für viele Fachkräfte, die aber noch keine Erfahrungen mit den Tabletts haben, jedoch noch eine weitere Frage: Sollten die Kinder allein mit dem Tablett arbeiten oder vielleicht mit einem Freund?

Normalerweise möchte man ja im Kindergartenalltag auch das Zusammenleben mit anderen Kindern fördern. Jedoch ist es bei der Arbeit mit den Aktionstabletts so, dass tatsächlich immer nur ein Kind damit arbeitet.

Dies dient dazu, dass sich das Kind auf seine Aufgaben konzentrieren und etwas lernen kann. Würden mehrere Kinder an diesem Tablett arbeiten, wäre dieses Ziel nicht zu erreichen.

Für Kinder ist es wichtig, auch einmal allein zu spielen, denn es tut ihnen sehr gut. Sie können sich nicht nur besser auf die Aufgabe des Spiels konzentrieren, sondern auch auf sich selbst und die eigenen Stärken sowie Schwächen.

Des Weiteren haben die Kinder so die Möglichkeit, sich auch mal aus dem alltäglichen Trubel einer Kindergartengruppe zu lösen. Sie haben die Möglichkeit, sich auch einmal ganz bewusst zurückzuziehen. Auch Maria Montessori wusste, dass Kinder auch mal die Möglichkeit brauchen, etwas alleine und für sich zu bewerkstelligen.

Aber was lernen die Kinder, wenn sie sich alleine mit einem Aktionstablett beschäftigen?

1) Kinder erfahren ihre eigenen Stärken und bemerken auch ihre Schwächen.

2) Sie können selbst ausprobieren, mit welchem Tempo sie vorgehen, da kein Leistungsdruck besteht.

3) Es hilft den Kindern, ihre Konzentration selbst zu schulen, da sie sich auf die Aufgabe des Tabletts konzentrieren müssen.

4) Die Kinder erhalten so die Möglichkeit, sich auch einmal außerhalb der Gruppe mit etwas zu beschäftigen und sich so eine Auszeit zu gönnen.

5) Sie lernen, ihre eigenen Vorlieben besser wahrzunehmen und sie zu nutzen.

6) Die Kinder müssen sich nicht mit anderen messen oder vergleichen.

7) Während sich vor allem sehr ruhige und ängstliche Kinder in Ruhe mit dem Tablett beschäftigen, bleibt die Umgebung nicht ganz außer Acht. Sie nutzen ihren sicheren Platz, um das Geschehen zu beobachten und doch für sich zu sein.

8) Da immer nur ein Angebot auf dem Tablett ist, profitieren die Kinder davon, dass keine Angebotsvielzahl vorherrscht und sie nicht ewig suchen müssen.

9) Die Aktionstabletts fördern auch die Eigenfürsorge, da die Kinder so besser spüren, wann sie sich eine kleine Auszeit gönnen sollten.

Tatsächlich ist es aber auch so, dass es Tabletts gibt, die auch für mehrere Kinder ausgelegt sind. An diesen dürfen Kinder dann gemeinsam arbeiten.

Was hier gefördert wird:

1) Absprache mit anderen Kindern

2) sich auch einmal zurücknehmen und andere eine Aufgabe lösen lassen

3) Teamarbeit

4) gemeinsam Lösungen finden

5) Abwarten können, bis man an der Reihe ist

6) Lösungswege durch andere zulassen

7) mit Kritik umgehen lernen

8) Kritik ordentlich zu äußern

9) gemeinsam ruhig sein

Sie sehen, beide Arten von Tabletts können dazu beitragen, vieles zu fördern. Leider ist es in vielen Einrichtungen für Kinder so, dass es ziemlich schwierig ist, dass die Kinder die Möglichkeit haben, sich gezielt zurückzuziehen. Woher das kommt? Es ist meist so, dass es in den Einrichtungen strukturierte Pläne für den Alltag gibt. Frühstück, Freispiel im Garten, Morgenkreis – alles ist geplant und vorbereitet. Von Langeweile dürfte demnach in den Einrichtungen nichts zu hören sein.

Bedauerlicherweise sind Angebote, bei denen sich die Kinder allein und im Stillen beschäftigen können, demnach in vielen Einrichtungen eher Seltenheit. Und doch ist es für jedes Kind wichtig, weil es deren Fantasie fördert und die Kinder gefragt sind, sich überhaupt erst einmal zu überlegen, was sie tun können. Wenn dann noch die Aktionstabletts ins Spiel kommen, haben die Kinder die Möglichkeit, gezielt Aufgaben zu suchen, welche sie selbstständig bewältigen dürfen. Und vor allem haben sie dann die Chance, einmal dem alltäglichen Trubel entfliehen zu können. Diese Zeit dient den Kindern aber ebenso zur Entspannung, sie können Experimentieren und Gestalten. Bei allem, was sie auf den verschiedenen Angebotstabletts tun können, wird aber vor allem das selbstständige Lernen gewährleistet.

Kapitel 3 - Wer räumt auf?

Ein leidiges Thema, das wohl nicht nur Eltern kennen, ist das Aufräumen von Spielsachen. Damit es aber bei den Aktionstabletts gar nicht erst zu einer solchen Diskussion kommen muss, ist es wichtig, dass Sie mit den Kindern direkt bei der Einführung der Tabletts über die wohl wichtigste Regel sprechen. Wer räumt auf?

Klar ist, dass immer das Kind aufräumt, welches gerade mit dem Aktionstablett gespielt hat. Erklären Sie auch, dass es wichtig ist, dass die Materialien so aufgeräumt werden, wie man sie auch vorgefunden hat, damit das nächste Kind ebenfalls die Möglichkeit hat, sich mit der Aufgabe in Ruhe zu beschäftigen. Im Zimmer sollten die Tabletts einen festen Standort haben, der gut zugänglich für alle Kinder ist. So können Sie die lieben Kleinen wunderbar dabei unterstützen, selbstständig Ordnung zu halten. Noch besser funktioniert dies, indem Sie Piktogramme, das sind kleine Bildkarten, hier von den Tabletts, am Regal anbringen. So finden die Kinder nicht nur den Platz, wo es hingehört, sondern sehen auch, ob sie das Material tatsächlich so aufgeräumt haben, wie es sein sollte.

Anders ist es wiederum bei den Kleinsten. Natürlich können Sie die Kinder dazu bringen, gewisse Aufräumtätigkeiten durchzuführen, beispielsweise das Material wieder in die Schalen sortieren. Allerdings ist es hier eher angebracht, dass man die Tabletts außer Reichweite der Kinder aufbewahrt, da diese sonst das Material herausnehmen könnten und im Zimmer verteilen würden. Hier helfen dann auch keine Piktogramme.

Mit Krippenkindern sollte man also gemeinsam aufräumen. In diesem Alter werden Sie zudem wenig Schwierigkeiten haben, die Kinder zum Aufräumen zu animieren. Sie sehen es noch nicht als Aufgabe, eher als spielerische Tätigkeit und räumen daher sehr gerne auf.

Sie können das positive Gefühl, welches Kinder empfinden, sobald sie etwas zur Zufriedenheit ihrer Bezugsperson erfüllt haben, mit Lob unterstützen. Achten Sie hier jedoch darauf, dass Sie nicht zu sehr ausschweifen, sondern immer der Tätigkeit entsprechend loben.

Wenn es um das Aufräumen des Tabletts geht, ist dies recht einfach. Die Aufgaben der Aktionstabletts für Krippenkinder sind meist so gestaltet, dass die lieben Kleinen Gegenstände sortieren müssen. Je nachdem, wie sie die Tabletts anfertigen, können die Materialien in Körben aufbewahrt werden, welche zum Spielen herausgenommen werden. Da es sich hier meist um Sortierspiele handelt, sortieren die Kinder das Material ja bereits beim Lösen der Aufgabe zurück in die Körbe.

Sind es andere Spiel- und Lernangebote, so können Sie die Materialien beispielsweise in einem Säckchen oder einem Korb aufbewahren. Nach Beenden des Spiels kann das Kind das Material problemlos aufräumen. Anschließend bringen Sie das Tablett an dessen Aufbewahrungsort.

Kapitel 4 - Material

Jetzt geht es ans Eingemachte! Denn was wären Aktionstabletts ohne Material? Hier stellt sich Ihnen aber gewiss die Frage, was man überhaupt verwenden kann bzw. sollte.

Die Frage ist recht einfach zu beantworten: Es kann alles Alltägliche verwendet werden! Und doch gib es eine wichtige Regel: Bestücken Sie das Tablett wirklich nur mit den Dingen, die das Kind zur Lösung der jeweiligen Aufgabe benötigt.

Hier eine Übersicht der Materialien:

- Holzbausteine
- Legobausteine
- Wäscheklammern
- Papier
- Formen
- Tiere
- Bilder
- Muggelsteine
- Naturmaterial
- Stoffe
- Stifte
- Knete
- Wolle

- Farbe
- Trichter
- Löffel
- Schälchen
- Murmeln
- Schrauben
- Bildkarten
- Karten mit vorgegebenen Mustern
- Zangen
- Materialschalen
- Alltagsgegenstände
- Pinsel
- Büroklammern
- Papier
- Kännchen
- Sand, Steine, andere Naturmaterialien
- Linsen, Grieß, Reis, Mais
- Korken, Bälle, Wasser

Sie sehen, es kommt eine ganze Menge zusammen. Welche Materialien für welches Angebot eingesetzt werden, hängt letztendlich jedoch davon ab, welches Ziel die Aufgabe verfolgt und was das Kind damit darstellen soll. In den Kapiteln (5-13) zu den verschiedenen Aktionstabletts werden Sie einige Einsatzbeispiele kennenlernen.

Natürlich sind die oben aufgezählten Materialien längst nicht alle. Sie dienen Ihnen nur als Anregung und als erste Übersicht. Im nächsten Punkt erfahren Sie, wie Sie ein solches Tablett selbst herstellen können.

4.1 WIE ERSTELLE ICH SELBST EIN AKTIONSTABLETT?

Wenn Sie ein Aktionstablett selbst gestalten wollen, ist es wichtig, dass Sie sich im Vorfeld zu folgenden Dingen Gedanken machen:

- Was macht das Kind gerne?
- Worin möchten Sie das Kind stärken?
- Welche Themen sind in der Gruppe gerade aktuell?
- Was soll speziell gefördert werden? (Zahlenkenntnisse, Mengen, Farben, Sortieren, ...)
- Welches Material wird benötigt?
- Wie alt sind die Kinder/ist das Kind?
- Habe ich genügend Zeit und Raum zur Verfügung?

Ein Aktionstablett begrenzt den Raum, in welchem das Kind arbeiten kann. Dies bedeutet, dass Sie das Material so anpassen, dass es damit auch darauf arbeiten kann. Es ist auch möglich, einen Untersetzer oder kleinen Teppich einzusetzen, auf welchem das Kind die Aufgabe des Tabletts lösen kann, denn manchmal hat man auch Ideen für Angebote, bei welchen das Material größer ist.

Achten Sie darauf, dass Sie die Aufgabe so einfach wie möglich formulieren, denn Kinder im Kindergarten können noch nicht lesen. Die Tabletts sollen aber selbstständig von den lieben Kleinen bearbeitet werden können. Achten Sie darauf, dass das Tablett eine Aufgabe und einen Anreiz zum Weiterspielen darstellt. Fertige Lösungen führen nicht dazu, dass sich das Kind für das Tablett interessiert und etwas lernen kann.

Wichtig ist, dass Sie sich genau überlegen, ob alle Informationen vorhanden sind, damit das Kind die Aufgabe verstehen und lösen kann.

Stellen Sie die Aufgabenstellung bildlich und gut erkennbar dar, sodass das Kind diese auch selbstständig lösen kann. Sollte es dennoch so sein, dass ein Kind die Aufgabe nicht versteht, können Sie beispielsweise eine blaue Klammer einführen, welche es an den Rand des Tabletts (das muss vorher genau besprochen werden) befestigt. So können Sie ihm die Aufgabenstellung erklären.

Man kann den Schwierigkeitsgrad für gewisse Aufgaben auch erhöhen. Hier müssen also mehrere Tabletts vorbereitet werden. Achten Sie darauf, dass sich der Schwierigkeitsgrad von Tablett zu Tablett steigert. Besprechen Sie mit den Kindern auch die Regel, dass man sich erst an das nächste Tablett heranwagt, wenn man die erste Aufgabe gelöst hat. So entsteht aus mehreren Tabletts auch ein toller Lernparcours.

Um die Tabletts zu entwickeln und letztlich auch herzustellen, ist es die besondere Aufgabe des Pädagogen, die Gruppe und vor allem die einzelnen Kinder stets zu beobachten. Es ist wichtig, dass der Pädagoge, also Sie, immer genau wissen, welchen Entwicklungsstand das jeweilige Kind hat und wie Sie dieses optimal fördern können, damit es sich weiterentwickelt. Nur wer seine Gruppe gut kennt, kann die einzelnen Kinder auch vor Herausforderungen stellen, welche sie zum selbstständigen Lernen führen.

Beispiel: Ein Kind interessiert sich besonders für Größen oder Mengen. Der Pädagoge erfährt dies durch intensives Beobachten. Es bietet sich hier also an, ein Tablett zu entwickeln, bei dem das Kind Gegenstände in verschiedenen Größen einmal vom Kleinsten zum Größten und beim nächsten Mal vom Größten zum Kleinsten sortieren kann.

Um den Schwierigkeitsgrad dann zu erhöhen, können verschiedene Gegenstände eingeführt werden, welche dann ebenfalls nach ihrem Äußeren sortiert werden müssen. Sie können also Kreise und Quadrate in verschiedenen Formen in die Materialschale geben, welche dann das Kind zuordnen und sortieren muss.

Kapitel 5 – Verschiedene Themen und wie Sie die Tabletts den Eltern präsentieren können

Das Schöne an den Aktionstabletts ist, dass man wirklich zu den unterschiedlichsten Themenbereichen Angebote kreieren kann. Mit einfachen Mitteln und Alltagsgegenständen lassen sich wunderbare Angebote für Kinder aller Altersklassen zaubern.

Wer den Entwicklungsstand seiner Gruppe und vor allem den des einzelnen Kindes im Auge hat, wird, sobald er sich mit den Aktionstabletts vertraut gemacht hat, immer wieder neue Ideen finden und ausprobieren können.

Um Eltern einen Einblick in Ihre Arbeit mit den Tabletts zu bieten, können Sie natürlich die Aktivitäten der Kinder fotografieren und in die jeweiligen Portfolios geben. Aber wie wertvoll die Tabletts wirklich sind, können die Eltern so nicht einmal erahnen.

Es ist also empfehlenswert, einen Elternabend zum Thema Aktionstabletts zu gestalten, bei welchem Sie verschiedene Tabletts vorstellen können. Selbstverständlich können die Eltern diese dann auch selbst ausprobieren.

Nachdem die Eltern genügend Zeit hatten, die Tabletts selbstständig auszuprobieren, können Sie diese gerne dazu einladen, über ihre Erfahrungen und Eindrücke zu sprechen. Gewiss werden einige Dinge zusammenkommen.

Vielleicht haben Sie auch einige Eltern, welche sich dafür interessieren, die Aktionstabletts auch zu Hause einzusetzen. Um darauf gut vorbereitet zu sein, können Sie schon im Vorfeld einen Handzettel erarbeiten, der den Eltern eine Schritt-für-Schritt Anleitung zum selbst gestalten gibt. Dieser könnte beispielsweise so aussehen:

Liebe Eltern!

Über Ihr reges Interesse an den Aktionstabletts freue ich mich sehr. Damit auch Sie die Tabletts zu Hause einführen können, möchte ich Ihnen mit diesem Handzettel alle wichtigen Informationen bereitstellen, welche zur Erstellung eines Tabletts wichtig sind.

1) Kaufen Sie ein Tablett, welches auch für Angebote mit Wasser nutzbar ist.

2) Es können unzählige Materialien verwendet werden. Mutter Natur hat bereits einige zu bieten.

3) Orientieren Sie sich am Entwicklungsstand Ihres Kindes sowie an dessen Interessen.

4) Achten Sie darauf, dass die Aufgaben klar und deutlich erkennbar sind.

5) Lassen Sie dem Kind Zeit, die Aktionen zu verinnerlichen, und wechseln Sie das Angebot auf dem Tablett erst, wenn das Kind es selbst äußert, bzw. Sie erkennen können, dass das Interesse abklingt.

6) Lagern Sie das Tablett so, dass es freizugänglich ist.

7) Drängen Sie Ihr Kind nicht dazu, sondern lassen Sie es selbstständig entscheiden, wann es damit arbeitet.

8) Sorgen Sie dafür, dass Ihr Kind in Ruhe arbeiten kann.

9) Greifen Sie nicht ein, lassen Sie Ihr Kind selbst Lösungen finden.

10) Besprechen Sie bereits im Vorfeld die Regeln für den Umgang.
Ich wünsche Ihnen viel Spaß dabei, dies zu Hause umzusetzen und vor allem auch dabei, Ihr Kind zu beobachten. Gerne können Sie Ihre Erfahrungen mit mir besprechen, mir Fragen stellen oder sich allgemein mit mir zu dem Thema austauschen.

Über Ihr Feedback und mögliche Anregungen freue ich mich sehr!

Ihr/e Erzieher/in.

Dieser Brief soll Ihnen nur als Beispiel dienen. Natürlich können Sie diesen auch anders ausschmücken und formulieren.

5.1 DIE WAHL DER THEMEN

Es ist wie in allen Bereichen des Lebens. Manchmal hat man absolut gar keine Idee, was man machen kann. Die Muse will einem einfach nicht den richtigen Input geben, man hat zu viele andere Dinge um die Ohren oder Ähnliches. Dabei ist es gerade mit Kindern einfach, denn deren Interessen sind so vielseitig.

Hier empfiehlt es sich definitiv, die Kinder im Alltag zu beobachten. Schauen Sie, was sie gerne spielen, lauschen Sie, worüber die Kinder untereinander sprechen, aber auch, was sie Ihnen zu erzählen haben.

Ihre Interessen können von A wie Astronauten bis Z wie Zebra reichen. Mit ein bisschen Fantasie lassen sich zu allen Themen tolle Tabletts gestalten.

Ich möchte Ihnen einen kleinen Überblick mit auf den Weg geben, an welchem Sie sich ebenfalls orientieren können, um tolle Aktionstabletts zu gestalten.

Der Alltag

Nichts bietet mehr Möglichkeiten, etwas für das Leben zu lernen, als der Alltag. Die Kinder müssen lernen, wie man sich richtig anzieht, welcher Wochentag gerade ist, vielleicht kochen sie auch gerne in der Puppenküche oder Decken den Tisch. Sie und auch die Eltern legen vielleicht auch Wert auf gesunde Ernährung. Hier bieten sich tolle Lernspiele zum Thema Obst und Gemüse an. Möglicherweise gibt es in Ihrer Einrichtung auch ein großes Gebissmodell, an welchem die Kinder lernen können, wie man seine Zähne richtig putzt. Auch dieses kann man nutzen, um verschiedene Angebote auf dem Aktionstablett anzubieten.

Berufe

Manchmal berichten Kinder gern über die beruflichen Aktivitäten ihrer Eltern. Auch hier lassen sich wundervolle Aktionstabletts entwickeln, bei denen Kinder die verschiedenen Berufe kennenlernen können. Beispielsweise den Beruf des Maurers. Ein Beispiel dafür finden Sie in Kapitel 9.3.

Tierwelt

Neben uns Menschen leben auch zahlreiche Tierarten auf unserem Planeten. Hier kann man beispielsweise ein Aktionstablett zur Pflege eines Pferdes oder zur Entwicklung einer Babykatze gestalten.

Pflanzenwelt

Unser Planet ist mit zahlreichen Farben durch eine wunderbare Pflanzenwelt bestückt. Es bietet sich an, hier ein Tablett zu gestalten, bei dem die Kinder beispielsweise die Blätter, Blüten und Früchte der heimischen Bäume zuordnen müssen.

Hier ist allerdings Voraussetzung, dass Sie dies als Projekt anbieten und schon vorab mit den Kindern darüber sprechen, da diese noch nicht selbst lesen können.

Oder sie haben die Möglichkeit, Technik mit einzubeziehen. Vielleicht können Sie ein Tablet nutzen, auf dem sich die Kinder einen kurzen Film zum Thema ansehen können, auf den dann das Aktionstablett aufbaut.

Unser Sonnensystem

Kinder lieben Sonne, Mond und Sterne – aber auch Astronauten und Raketen. Hier kann man die tollsten Angebote finden, welche den Kindern auf spielerische Weise Wissen vermitteln.

Formen und Farben

Alles, was bunt ist, zieht Kinderaugen magisch an. Kombinieren Sie bunte Farben mit den verschiedensten gedeckten Tönen. Entwickeln Sie Sortier- oder Steckspiele. Die Kinder werden sich über solche Angebote sehr freuen, besonders im Alter von 2 bis 4 Jahren.

Experimente

Was gibt es Besseres, als selbst herauszufinden, wie etwas funktioniert? Das fängt schon ganz einfach mit einer Taschenlampe an. Hier können Sie einfach eine Taschenlampe, Batterien und eine Anleitung, wie die Batterien hineingesteckt werden müssen, auf das Tablett legen. Oder aber Sie wählen ein Wasserexperiment. Hier lassen sich viele tolle Dinge entwickeln. In Kapitel 12 wird es für dieses Thema einige Angebote geben.

Die Elemente

Feuer, Wasser, Erde und Luft – sie umgeben uns tagein und tagaus, am besten man macht Aktionstabletts daraus. Kleiner Scherz am Rande. Aber auch hier können Sie tolle Angebote für Ihre Kindergartengruppe entwickeln.

Kapitel 6 – Aktionstabletts in der Krippe (2 bis 3 Jahre)

Bevor ich Ihnen mit diesem Kapitel die Aktionstabletts vorstellen werden, möchte ich noch einmal genauer darlegen, was man alles fördern kann. Gerade dann, wenn man die Aktionstabletts einführt, ist es wichtig, zu wissen, nach welchen Zielen man seine Tabletts ausrichten sollte.

- Grob- und Feinmotorik
- Greifen von Gegenständen
- Sortieren von Gegenständen
- Sprache
- Fühlen und Ertasten von Unterschieden
- Bausteine stapeln und umschubsen
- Geräusche und unterschiedliche Töne
- Putzen (spielerisch)
- einfache Puzzle lösen
- Umgang mit Stiften (was passiert beim Malen)
- Umfüllen

Dies sind einige Förderziele, welche Sie bei der Eigengestaltung Ihrer Aktionstabletts berücksichtigen können. Wie genau dies funktioniert, werde ich Ihnen jetzt anhand von tollen Beispielen erklären. Dazu werde ich Ihnen alle notwendigen Materialien nennen.

Aktionstablett 1: Bausteine

Sie benötigen:

- ein Tablett
- Fünf Bausteine (gerne verschiedene Farben)
- ein Materialkörbchen

So funktioniert es:

Auf dem Tablett findet das Kind einen Korb mit Bausteinen. Lassen Sie das Kind nun selbst probieren, was es alles mit den Steinen machen kann. Bestimmt wird es diese auf verschiedenste Weise testen. Lautes Klopfen auf den Tisch oder der Steine gegeneinander. Vielleicht kennt es die Farben schon und benennt diese. Vielleicht beginnt es sofort damit, die Steine übereinander zu stapeln. Nach einiger Zeit des Ausprobierens und je nachdem wie der Entwicklungsstand der Kinder ist, kann man dann auch eine erweiterte Aufgabe hinzufügen. Hierfür malen Sie auf ein Blatt (oder auf mehrere) verschiedenfarbige Bausteine auf. Darunter malen Sie diese ebenfalls, aber ohne sie auszumalen. Das Kind wird schnell verstehen, dass es diese nun nach Farben sortieren soll. Dies funktioniert ebenfalls, wenn Sie Bausteine in verschiedenen Größen haben. So sehen die Kinder die Unterschiede wunderbar. Oder Sie wählen Bausteine in verschiedenen Formen. Wie diese heißen kann man beispielsweise im Morgenkreis benennen.

Was gefördert wird:

Das Kind kann seine Grob- und Feinmotorik, durch das Greifen der Gegenstände und diese an einen bestimmten Platz zu legen, wunderbar schulen. Es muss die Dinge sehen und greifen können, sodass dieses Tablett auch wunderbar die Auge-Hand-Koordination schult.

Durch das Anordnen erkennt es die Unterschiede in Größe und Form. Es kann selbst bestimmen, wie häufig es den Vorgang ausübt. Kommt es mit Ihnen ins Gespräch, so wird es auch die Namen der einzelnen Farben immer besser kennenlernen und selbst sprechen können.

Aktionstablett 2: Fühlen

Sie benötigen:

- ein Tablett
- einen Korb für das Material
- Schalen für die verschiedenen Inhalte (Menge ist variabel)
- nach Bedarf eine Zange

So funktioniert es:

Bereiten Sie das Tablett vor, indem Sie darauf einen Korb mit verschiedenen Materialien (am besten immer drei von jeder Sorte) bereitstellen. Es eignen sich hier wunderbar Naturmaterialien wie Tannenzapfen, Eicheln oder Steine. Ebenso können Sie eine Zange bereitlegen, mit welcher das Kind die Materialien greifen und in die Schalen sortieren kann. Achten Sie hierbei jedoch aufs Alter und den Entwicklungsstand des Kindes. Da Sie hier die Kinder dazu bringen möchten, die verschiedenen Materialien zu erfühlen, sollte die Zange erst als zweite Aufgabe eingesetzt werden.

Tipp: Markieren Sie die Schalen mit Bildern der jeweiligen Materialien, sodass das Kind diese gut zuordnen kann.

Was gefördert wird:

Durch das Berühren der einzelnen Materialien setzt sich das Kind mit deren Beschaffenheit auseinander. Es prägt sich ein, wie sich die verschiedenen Materialien anfühlen. Somit schult es seinen Tastsinn. Es kann die Unterschiede aber nicht nur spüren, sondern auch sehen, da es die Gegenstände vor Augen hat. Das Sortieren der Materialien fördert zudem seine Grob- und Feinmotorik.

Aktionstablett 3: Geräusche

Sie benötigen:

- ein Tablett
- Dosen mit verschiedenen Materialien
- einen Materialkorb

So funktioniert es:

Befüllen Sie die Dosen beispielsweise mit Reis, Linsen, Grieß, Glöckchen, Nudeln oder anderen Dingen, welche Geräusche machen. Um den Schwierigkeitsgrad zu erhöhen, können Sie beim nächsten Tablett die Aufgabe so formulieren, dass das Kind zwei Dosen zu einem Geräusch finden muss. Zur Überprüfung können Sie an der Unterseite der Dose die Paare mit der gleichen Farbe markieren.

Was gefördert wird:

Bei dieser Aufgabe braucht das Kind vor allem sein Gehör, somit kann sein Hörsinn gut gefördert werden. Ebenso schult es seine Grob- und Feinmotorik, indem es die Dosen greift und schütteln muss. Ebenso dient diese Übung dazu, die Auge-Hand-Koordination zu schulen. Ein weiteres Förderziel ist die Konzentration auf eine Sache. Es muss genau hinhören, wie die einzelnen Dosen klingen, um letztlich die Paare zu finden. Außerdem schult es auch die Merkfähigkeit des Kindes.

Aktionstablett 4: Puzzle

Sie benötigen:

- ein Tablett
- ein laminiertes Bild
- das gleiche Bild in einfache Puzzleteile geschnitten (ebenfalls laminiert)

So funktioniert es:

Stellen Sie das Tablett bereit und lassen Sie das Kind selbstständig arbeiten. Das Kind wird die Puzzleteile herausnehmen und sie zusammen legen. Mithilfe des vollständigen Bildes kann es dies wunderbar alleine lösen.

Tipp: Achten Sie hier unbedingt darauf, dass die Anzahl der Teile nicht zu hoch ist und Sie diese auch nicht zu klein schneiden, da es sonst zu schwer sein kann.

Was gefördert wird:

Durch Greifen und Zusammenführen der einzelnen Teile wird hier die Auge-Hand-Koordination, aber auch die Feinmotorik geschult. Das Kind lernt ebenfalls, sich in Geduld zu üben, da anfangs mehrere Versuche nötig sein werden, ehe es das Bild zusammengesetzt hat. Außerdem werden auch die kognitiven Fähigkeiten (Merkfähigkeit, Denkfähigkeit) geschult.

Aktionstablett 5: Malen und Putzen

Sie benötigen:

- ein Tablett mit Tafelfolie
- Kreide
- einen Lappen

So funktioniert es:

Auf dem Tablett wird die Tafelfolie befestigt. Ebenso steht darauf ein Korb mit Kreide, hier reichen schon wenige Farben, und ein Lappen bereit. Das Kind darf nach Belieben auf der Tafelfolie malen und anschließend mit dem Lappen alles reinigen. Dies kann es so lange wiederholen, bis es keine Lust mehr dazu hat.

Was gefördert wird:

Das Kind kann seiner Kreativität und Fantasie freien Lauf lassen. Außerdem wird der Spaß beim Malen gefördert. Die Auge-Hand-Koordination wird beim Greifen der Kreide, aber auch beim Benutzen des Lappens optimal geschult. Dadurch, dass das Kind sehen kann, was passiert, wenn es einen Lappen benutzt, fordert man auch gleichzeitig seinen Sinn für Ordnung und Sauberkeit heraus. Ebenso fördert dieses Tablett die Grob- und Feinmotorik, da es die Kreide greifen, damit malen und später die Wischbewegungen durchführen muss. Wenn es Spaß daran hat, die Kreide wegzuwischen, wird es auch im Alltag öfter beim Tisch-Abwischen helfen wollen. So kann es zeigen, dass es diese Tätigkeit schon wunderbar beherrscht.

Aktionstablett 6: Umfüllen

Sie benötigen:

- ein Tablett
- Löffel (tief, am besten geeignet sind hier chinesische Suppenlöffel)
- zwei Schalen
- Teelöffel, um den Schwierigkeitsgrad zu erhöhen
- Linsen, Mais, Reis, Grieß oder andere

So funktioniert es:

Die Aufgabe dieses Tabletts dürfte schnell klar sein. Das Kind kann das Material von der einen in die andere Schüssel füllen. Dies kann so oft wiederholt werden, wie es das Kind möchte. Hierbei ist der Löffel eine große Hilfe. Um den Schwierigkeitsgrad zu erhöhen, kann das Kind aber auch den Inhalt der Schüssel durch Gießen umfüllen. Hierzu nimmt es die Schüssel mit beiden Händen in die Höhe und gießt den Inhalt in die andere Schüssel. Sie können ihm aber auch kleine Becher bereitstellen. So kann es das Schöpfen mit Bechern üben. Aber auch der chinesische Suppenlöffel kann beispielsweise durch einen normalen Teelöffel ersetzt werden.

Was gefördert wird:

Diese Übungen fördern wunderbar die Grobmotorik, aber auch die Feinmotorik. Das Kind übt sich in Geduld und lernt, wie viel Kraftaufwand notwendig ist, um die Schalen anzuheben und um den Inhalt in eine andere Schüssel zu füllen. Es kann intensiv beobachten, was passiert, wenn es den Inhalt langsam oder schnell in die andere Schüssel umfüllt. Bei dieser Übung ist Geschicklichkeit gefragt und das Kind muss sich gut konzentrieren.

Aktionstablett 7: Umgang mit Stiften

Sie benötigen:

- ein Tablett
- einen Block
- Stifte

So funktioniert es:

Es ist nicht nötig, dem Kind hier eine Vorlage zu geben. In dem Alter ist es wichtig, dass sich die Kinder erst einmal im Umgang mit Stiften vertraut machen. Am besten eignen sich hier Buntstifte oder Wachsmalstifte. Das Kind, welches mit dem Tablett arbeitet, kann einfach drauf los malen und sehen, was passiert, wenn ein farbiger Stift auf weißes Papier trifft. Sie können nach einiger Zeit das weiße Papier auch gegen buntes oder am besten sogar schwarzen Papier tauschen. Die bunten Stifte weichen dann vorübergehend weißen Stiften.

Was gefördert wird:

Das Kind lernt, wie es den Stift halten und damit malen kann. Seine Kreativität und Fantasie werden angeregt, da es selbstständig etwas malen kann. Seine Konzentration und Ausdauer werden ebenso geschult. Es lernt, zu erkennen, dass ein weißer Stift besser auf farbigem, am besten sogar auf schwarzem Papier malt.

Aktionstablett 8: Familie

Sie benötigen:

- ein Tablett
- Pro Kind ein eigenes Familienbild (laminiert)
- das gleiche Familienbild, aber in Streifen geschnitten (laminiert)

So funktioniert es:

Hier sind Sie zunächst auf die Mitarbeit der Eltern angewiesen. Bitten Sie diese darum, Ihnen ein Familienbild mitzugeben, in doppelter Ausführung. In einem kurzen Elternbrief können Sie erklären, was Sie damit vorhaben. Sind alle Bilder eingetroffen, können Sie diese laminieren und jeweils eines davon in Streifen schneiden.

Befestigen Sie dann das Gesamtbild auf dem Tablett und stellen Sie einen Korb mit den Streifen des zweiten Bildes bereit. Lassen Sie dann das Kind das Bild zusammenlegen. Anschließend wird es Ihnen das Bild bestimmt zeigen und sagen, wer denn darauf zu sehen ist.

Tipp: Dieses Tablett eignet sich wunderbar, wenn Sie mit den Kindern ein Projekt zum Thema Familie veranstalten. Hier können Sie an verschiedenen Tagen, sobald die Kinder ihre eigenen Puzzle mehrere Male zusammengesetzt haben, das Bild gemeinsam auf ein buntes Blatt kleben und einen Brief an das Kind dazu schreiben.

Erwähnen Sie, dass das Familienpuzzle ein Teil des Projektes war. Geben Sie auch den Eltern, beispielsweise bei einem Eltern-Kind-Nachmittag die Möglichkeit, zu sehen, welch Freude deren Kind verspürt, wenn es das eigene Familienbild zusammensetzt.

Was gefördert wird:

Die Sprachfähigkeit wird geschult, da es mit Ihnen ins Gespräch kommen wird, wenn es seine Familienmitglieder erblickt. Es kann benennen, wer Mutter, Vater, Oma, Opa oder Geschwisterkinder sind. Beim Betrachten des Bildes wird es zudem die Unterschiede der Personen wahrnehmen (Mann, Frau, Kind, Größe, Haarfarbe).

Es wird durch das Greifen und Sortieren auch dafür gesorgt, dass es seine Fertigkeiten in Fein- und Grobmotorik schulen kann. Neben Konzentration wird auch sein Blick für das Detail und die Merkfähigkeit geschult.

Aktionstablett 9: Ich

Sie benötigen:

- ein Tablett
- ein laminiertes Bild von einem Kind (Junge und oder Mädchen)
- jeweils ein Bild von jedem Kind (in Teile geschnitten, beispielsweise einzelne Körperteile)

So funktioniert es:

Sie können die Kinder selbst fotografieren oder Sie lassen sich von den Eltern ein Bild des Kindes mitbringen. Wichtig ist, dass es darauf komplett zu sehen ist, damit Sie das Bild entweder in Streifen schneiden können oder die einzelnen Körperteile ausschneiden können. Die Aufgabe des Tabletts sollte zunächst einmal lauten, dass das Kind das Puzzle zusammensetzt. Wenn es dies einige Male wiederholt hat und beherrscht, können Sie den Schwierigkeitsgrad erhöhen und die Vorlage für Mädchen und Jungen darauf legen. Nun kann das Kind sein Puzzle erneut zusammensetzen, muss dies aber auf der jeweiligen Vorlage umsetzen.

Was gefördert wird:

Die Sprachfähigkeit wird geschult, da es mit Ihnen ins Gespräch kommen wird, wenn es seine Familienmitglieder erblickt. Es kann benennen, wer Mutter, Vater, Oma, Opa oder Geschwisterkinder sind. Beim Betrachten des Bildes wird es zudem die Unterschiede der Personen wahrnehmen (Mann, Frau, Kind, Größe, Haarfarbe). Es wird durch das Greifen und Sortieren auch dafür gesorgt, dass es seine Fertigkeiten in Fein- und Grobmotorik schulen kann. Neben Konzentration wird auch sein Blick für das Detail und die Merkfähigkeit geschult.

Tipp: Auch hier kann das Kind nach Abschluss des Projektes sein Bild auf ein farbiges Blatt kleben und bekommt es in sein Port-Folio-Ordner.

Aktionstablett 10: Memory

Sie benötigen:

- ein Tablett
- Memorykarten (nicht zu viele)
- Korb
- eine farbige Frageklammer, die es an das Tablett klemmen kann

So funktioniert es:

Stellen Sie das Tablett bereit. Auf diesem sollte der Korb mit den ausgewählten Kartenpärchen stehen. Lassen Sie das Kind die Bilder erst einmal betrachten und schauen Sie ihm bei seiner Tätigkeit zu. Gewiss wird es die Bilder so auf dem Tablett verteilen, dass es diese alle zusammen ansehen kann. Vielleicht kennt es bereits das Memoryspiel und weiß selbst, was es als Nächstes tun kann.

Wenn es dies nicht weiß, hat es die Möglichkeit, die Frageklammer an das Tablett zu klemmen, sodass Sie hinzukommen und ihm die Frage beantworten können. Achten Sie hier jedoch darauf, dass Sie ihm die Lösung nicht vorgeben. Es soll die Möglichkeit haben, die Lösung selber herauszufinden. Sie können beispielsweise sagen: „Kann man die Bilder auch anders hinlegen?" Wenn das Kind nach längerem Nachdenken noch immer nicht darauf kommt, dass es diese umdrehen kann, können Sie eine erneute Frage stellen. Beispielsweise: „Wie können denn die Bilder verschwinden?"

Was gefördert wird:

Um die Merkfähigkeit zu trainieren, sind Memory-Spiele immer besonders gut geeignet. Außerdem lernen die Kinder so auch die einzelnen Begriffe, Tiere oder Pflanzen (je nachdem, welche Bilder Sie für Ihr Memory wählen) kennen. Das Kind lernt, sich selbst eine Strategie zu überlegen, wie es die Aufgabe bestmöglich umsetzen kann (Karten verteilen, mischen).

Die Regeln für das Spiel prägt es sich wunderbar ein und kann dann im Spiel mit anderen gut auf diese achten. Da man nicht immer die passenden Karten findet, schult das Spiel auch die Ausdauer und Konzentration. Ebenso wird hier die Frustrationstoleranz geschult, wenn mal etwas nicht auf Anhieb gelingt. Kommt das Kind mit Ihnen ins Gespräch oder benennt es beim Spielen die Arbeitsschritte oder Bilder selbst, so wird auch die Sprachfähigkeit gefördert. Außerdem werden auch die kognitiven Fähigkeiten (Merkfähigkeit, Denkfähigkeit) geschult.

Wie Sie sehen, gibt es so viele verschiedene Möglichkeiten, die Aktionstabletts für Krippenkinder zu gestalten. Dies ist nur eine kleine Auswahl, die Ihnen als Anregung dienen soll. Mit wenigen und einfachen Mitteln können Sie so viele tolle Angebote zu verschiedenen Themen kreieren.

Auch für jüngere Krippenkinder gibt es bereits gute Angebote. Allerdings setzt man für diese die Aktionstabletts eher selten ein, da diese Aufgaben noch zu komplex sind. In Band 1 haben Sie etwas über Aktionswannen erfahren. Diese sind quasi die abgewandelten und einfachen Aktionstabletts für die Kleinsten unter uns.

Ein optimaler Nebeneffekt für jedes Pädagogengehör ist, dass auch die Kinder, welche manchmal sehr lebhaft sind und ein lautes Organ haben, zur Ruhe kommen können. Bei der Arbeit mit den Aktionstabletts konzentrieren sich die Kinder völlig auf ihre Aufgaben und vergessen einmal die Umwelt um sich herum. Solche Ruhephasen sind für alle Beteiligten eine angenehme Abwechslung.

Kapitel 7 – Aktionstabletts im Kindergarten (4 bis 5 Jahre)

Im Kindergartenalter dürfen die Aktionstabletts dann schon komplexer werden. Die Kinder haben jede Menge neue Dinge gelernt und fordern dementsprechend neue Herausforderungen, da sie von Grund auf wissbegierig sind und sich freuen, wenn sie etwas Neues entdecken und lernen dürfen.

Und dennoch gilt auch hier unbedingt vorab zu sagen, dass die Materialien sowie die Aufgabenstellung für die Aktionstabletts so einfach wie möglich und an den Entwicklungsstand des Kindes angepasst sein sollten. Je älter die Kinder werden, desto umfangreicher können Sie das Material und die Aufgaben gestalten. Behalten Sie hierfür aber stets den Entwicklungsstand der Gruppe und insbesondere jedes einzelnen Kindes im Auge.

In diesem Kapitel möchte ich Ihnen einige tolle Beispiele vorstellen, welche Sie gerne in der Praxis anwenden können. Natürlich können Sie die verwendeten Materialien auch abwandeln. Es sollte immer das verwendet werden, was man in der Einrichtung oder auch zu Hause vorfindet. Es muss sich niemand in unnötige Ausgaben stürzen. Sie sind herzlich dazu eingeladen, Ihre Kreativität frei auszuleben. Dann werden die Aktionstabletts auch für Sie ein spannendes Abenteuer.

Im Kindergartenalter können die Kinder die Tabletts bereits selbst aus den Regalen holen. Nach der Einführung und der Regelbesprechung wird es zwar noch einige Zeit dauern, bis sich das Ganze festigt, aber: Je mehr Übung, desto leichter wird es den Kindern fallen. Und Sie als Pädagogen können die lieben Kleinen dabei wunderbar unterstützen, indem Sie die Tabletts immer gut vorbereiten und offen für alle im Regal bereitstellen.

Aktionstablett 1: Puzzle

Sie benötigen:

- ein Tablett
- ein Materialkörbchen
- Puzzleteile (entweder selbstgebastelt oder ein fertiges Puzzle)

So funktioniert es:

Das Kind kann sich das Tablett selbst aus dem Regal holen und selbstständig die Aufgabe des Tabletts lösen. Beobachten Sie es dabei gut, um zu sehen, was es beispielsweise schon gut kann und wie es nach einem Lösungsweg sucht.

Es wird sich die einzelnen Teile sicher auf das Tablett schütten und loslegen wollen. Um es dem Kind anfangs noch etwas leichter zu machen, können Sie die Teile auch in ein Säckchen füllen und zwei Körbchen auf das Tablett stellen. In die Körbchen kleben Sie jeweils ein Randteil und ein Mittelteil hinein. So kann das Kind die Teile erst einmal sortieren. Von außen können Sie dann die Körbe auch nummerieren und so weiß das Kind, dass es beispielsweise mit den Randteilen, die in Korb eins liegen, beginnen kann.

Was gefördert wird:

Neben der Konzentration auf eine Sache schult dieses Tablett auch das selbstständige Handeln des Kindes.

Es muss sich Dinge einprägen und selbst nach einem Lösungsweg suchen. Außerdem wird sein Blick für das Detail geschärft. Durch das Greifen und Zusammenfügen der einzelnen Teile schult diese Aufgabe auch die Grob- und Feinmotorik des Kindes.

Aktionstablett 2: Größer und Kleiner

Sie benötigen:

- ein Tablett

- eine Zange

- verschiedene Naturmaterialien (Nüsse, Steine, Eicheln, Kastanien)

- eine leere Toffifee Packung (das Inlett)

So funktioniert es:

Zeichnen Sie auf ein Blatt verschieden große Kreise auf. Geben Sie die Materialien in ein Körbchen. Das Kind kann nun versuchen, die Materialien mit der Zange zu greifen und diese auf die verschieden großen Kreise zu sortieren. Als zweite Variante kann es die Materialien mit der Zange in die leere Toffifee Packung sortieren.

Was gefördert wird:

Es werden die Grob- und Feinmotorik, die Auge-Hand-Koordination und die Ausdauer geschult. Ebenso lernt das Kind die verschiedenen Größen kennen und kann diese unterscheiden. Somit fördert die Aufgabe des Tabletts auch das Größenverständnis. Außerdem werden auch die kognitiven Fähigkeiten (Merkfähigkeit, Denkfähigkeit) geschult.

Aktionstablett 3: Fädeln

Sie benötigen:

- ein Tablett
- einen langen Faden
- einen Korb mit bunten Holzperlen
- ein laminiertes Fädelmuster

So funktioniert es:

Hier kann das Kind anhand des vorgegebenen Musters eine Kette fädeln. Wichtig ist, dass Sie am Anfang noch nicht zu viele Farben wählen und das Muster nicht zu schwer ist. Immerhin soll sich das Kind nicht überfordert fühlen und einen gewissen Steigerungsgrad bedarf es ebenfalls, um die Aktionen auf dem Tablett zu gegebener Zeit auszubauen.

Was gefördert wird:

Hier ist vor allem die feinmotorische Fähigkeit gefragt, da das Auffädeln gar nicht so leicht ist. Mit Ruhe und Geduld muss das Kind versuchen, den Faden durch die Öffnung der Perlen zu führen und am anderen Ende wieder entgegen zu nehmen. Es braucht daher jede Menge Fingerspitzengefühl. (Bei älteren Kindern können die Perlen etwas kleiner werden und der Faden dementsprechend dünner). Außerdem schult diese Übung auch die Auge-Hand-Koordination, da das Kind die Perlen sehen und greifen muss, aber auch dadurch, dass es den Faden durch die Öffnung zieht. Es lernt auch, Muster wiederzuerkennen und diese umzusetzen. Wenn Sie den Schwierigkeitsgrad erhöhen und dem Aktionstablett eine Sanduhr von 30 Sekunden hinzufügen und das Kind das Bild des Musters nach Ablauf der Sanduhr umdrehen muss, so fördern Sie auch dessen Merkfähigkeit. Es muss sich zunächst nämlich das Muster intensiv anschauen und einprägen.

Aktionstablett 4: Geometrische Schablonen

Sie benötigen:

- ein Tablett
- Materialkorb
- Stifte
- Schablonen
- Papier

So funktioniert es:

Stellen Sie die oben genannten Materialien auf einem Tablett bereit. Die Aufgabenstellung dürfte dem Kind soweit vertraut sein. Es wird die Schablonen herausnehmen und mit ihnen ein Bild zeichnen. Wenn Sie beobachten können, dass der Umgang mit den Schablonen leicht fällt, können Sie den Schwierigkeitsgrad erhöhen und beispielsweise dem Tablett Bilder als Vorlage hinzufügen. Ein Haus lässt sich beispielsweise wunderbar mit einem Quadrat und einem Dreieck als Schablone zeichnen.

Was gefördert wird:

Mit diesem Tablett fördern Sie die korrekte Stifthaltung und den Umgang mit Schablonen. Das Kind lernt auch die Unterschiede der Figuren kennen. Ebenso wird hier auch die Grob- und Feinmotorik geschult. Es kann seiner Kreativität und Fantasie freien Lauf lassen, muss sich aber gleichzeitig auch auf die Aufgabe konzentrieren, da sonst vielleicht die Schablone verrutschen kann.

Aktionstablett 5: Farbige Fische

Sie benötigen:

- ein Tablett
- einen Materialkorb
- bunte Fische
- vier Schalen
- eine Zuckerzange
- einen Teelöffel

So funktioniert es:

Richten Sie das Tablett so an, dass das Kind die Aufgabe sofort versteht und zunächst die Fische mit den Fingern, dann mit einem Teelöffel und letztlich auch mit einer Zuckerzange in die jeweiligen Schalen sortieren kann. Unterstützend können Sie die Schalen mit einem Punkt der jeweiligen Farbe versehen. Das Kind kann aber auch selbst entscheiden, welche Farbe es in welche Schüssel sortiert.

Was gefördert wird:

Es werden die Farben eingeprägt, die Sprachkenntnisse geschult, die Konzentration gefördert und die Grob- und Feinmotorik trainiert. Ebenso kann das Kind lernen, wie viel Kraftaufwand nötig ist, um einen Fisch beispielsweise mit der Zuckerzange zu greifen und zu transportieren. Außerdem übt sich das Kind in Geduld, wenn es noch nicht ganz funktioniert, einen Fisch mit der Zuckerzange zu greifen. So lernt es auch, seine Frustrationstoleranz zu kontrollieren.

Aktionstablett 6: Gläser mit Hilfe eines Trichters füllen

Sie benötigen:

- ein Tablett

- Gläser

- einen Trichter

- einen Löffel

- ein Gefäß mit Sand

So funktioniert es:

Mithilfe des Löffels kann das Kind den Sand aus dem Gefäß schöpfen und durch den Trichter in die Gläser umfüllen. Man kann das Angebot auch um ein Sieb erweitern. So kann das Kind den Sand durch den Trichter in das Sieb fließen lassen und dabei beobachten, was passiert.

Was gefördert wird:

Das Angebot fördert die Auge-Hand-Koordination, die Feinmotorik und die Konzentration. Auch die Lust zu experimentieren wird hierbei angeregt.

Aktionstablett 7: Wasser umfüllen mit einer Pipette

Sie benötigen:

- ein Tablett
- eine Pipette
- eine leere Toffifee Packung
- ein Glas mit Wasser
- Krepppapier

So funktioniert es:

Diese Aufgabe ist schon etwas kniffliger. Hier muss das Kind das Wasser mit der Pipette aufnehmen und anschließend in die leere Toffifee Packung füllen. Das Krepppapier dient dazu, das Wasser einzufärben. Gerne können Sie auch mehrere Farben zur Verfügung stellen, damit das Kind diese mischen kann.

Was gefördert wird:

Durch das Hantieren mit der Pipette fördern Sie die Feinmotorik, die Auge-Hand-Koordination und die Konzentration. Wenn Sie dem Kind verschiedene Farben von Krepppapier zur Verfügung stellen, regen Sie dessen Kreativität und Lust zum Experimentieren an.

Aktionstablett 8: Schrauben und Muttern

Sie benötigen:

- ein Tablett
- ein Brett, auf dem Schrauben verschiedener Größen angebracht sind
- einen Korb mit Muttern

So funktioniert es:

Das Kind kann die Muttern aus dem Korb herausnehmen und diese auf die Schrauben drehen.

Was gefördert wird:

Um die Auge-Hand-Koordination, die Feinmotorik und die Konzentration zu schulen, eignet sich dieses Angebot sehr gut. Es fördert ebenso die Lust zu experimentieren und die Ausdauer, da es manchmal sehr knifflig sein kann, die richtige Mutter zu finden und diese auf die Schraube zu drehen.

Aktionstablett 9: Bilder vor dem Spiegel

Sie benötigen:
- ein Tablett
- einen rechtwinkliger Spiegel
- Muggelsteine

So funktioniert es:

Das Kind kann mit den Muggelsteinen Bilder vor den Spiegel legen. Dort wird es erkennen, dass sich diese spiegeln.

Was gefördert wird:

Das Ziel dieses Angebotes ist es, dass das Kind seiner Fantasie freien Lauf lassen kann und die Funktion des Spiegels kennenlernt. Außerdem werden die Auge-Hand-Koordination und die Konzentration geschult.

Aktionstablett 10: Magnete

Sie benötigen:

- ein Tablett
- einen Korb gefüllt mit verschiedenen Gegenständen
- einen großen Magneten
- zwei weitere Körbe

So funktioniert es:

Mit dem Magnet kann das Kind herausfinden, welche Gegenstände aus dem Korb magnetisch sind und welche nicht. Diese kann es dann in zwei weitere Körbe sortieren.

Was gefördert wird:

Es werden die Auge-Hand-Koordination, die Konzentration und die Feinmotorik des Kindes geschult. Außerdem lernt das Kind, wie ein Magnet funktioniert und es wird angeregt, zu experimentieren.

Kapitel 8 – Aktionstabletts im Vorschulalter

Wer die Aktionstabletts erst einmal in seiner Kindergartengruppe oder sogar in der kompletten Einrichtung eingeführt hat und die Kinder in ihrem selbstständigen Tun beobachten und mit ihnen lernen konnte, der möchte diese auch im Vorschuljahr nicht vermissen.

Die Tabletts bieten unzählige Möglichkeiten, die Kinder bestmöglich zu fördern und auf den Alltag vorzubereiten. Im Vorschulalter wird das Ganze mit komplexeren Lernaufgaben unterstützt, welche die Kinder auf den Schulalltag vorbereiten können und ihnen manchmal sogar ein wenig die Angst vor den Ansprüchen, die in der Schule auf sie zukommen, zu nehmen.

Ob im Zahlenraum, mit Buchstaben, das Erlernen der Uhr, Verkehrserziehung, alltägliche Dinge – Aktionstabletts für Vorschulkinder haben einige tolle Lernmöglichkeiten zu bieten.

Auch Sie können optimal sehen, was die einzelnen Kinder bereits gut beherrschen, aber auch, wo noch Förderbedarf besteht.

Besonders bei Vorschulkindern sind Elterngespräche über die Entwicklung sehr wichtig. Es ist die letzte Chance, das Kind noch einmal gemeinsam so optimal wie möglich zu fördern.

An vielen Schulen ist es auch so, dass die Grundschule einen Lehrer zum Hospitieren und Kennenlernen der Kinder in den Kindergarten schickt. Mit eben diesem werden Sie gewiss auch ins Gespräch kommen, da Sie die Kinder möglicherweise die gesamte Kindergartenzeit begleitet haben. Durch das Beobachten der Kinder, wenn diese mit den Tabletts agieren, haben Sie so die Möglichkeit, sich mit der Lehrkraft gut auszutauschen und ihnen gegebenenfalls auch Tipps für den Umgang mit einzelnen Kindern auf den Weg zu geben. Damit auch Sie von den zahlreichen Möglichkeiten, die Aktionstabletts im Vorschulalter einzusetzen, profitieren können, werden auch in diesem Kapitel einige tolle Praxisbeispiele folgen, welche Sie umsetzen, aber auch abwandeln können.

Aktionstablett 1: Die Schultüte/ Die Zuckertüte

Sie benötigen:

- ein Tablett
- Materialkorb
- eine aufgemalte Schultüte
- Bilder für den Inhalt der Schultüte/ Zuckertüte
- Vorlage für Schultüte/ Zuckertüte zum Selbergestalten
- Stifte
- evtl. Foto des Kindes
- Frageklammer

So funktioniert es:

Auf dem Tablett sollten alle Materialien vollständig vorhanden sein. Wenn Sie nach dem Beobachten oder durch Gespräche herausgefunden haben, dass die Kinder noch gar keine Vorstellung haben, was denn alles in einer Schultüte/ Zuckertüte zu finden sein kann, können Sie ein Bild als Vorlage dazulegen.

Das Kind kann dann seine Schultüte/ Zuckertüte so befüllen, wie es dies auf dem Muster erkennen kann. Es besteht aber auch die Möglichkeit, dass es selber wählt, was es hineinpacken will. Um dies in der Aufgabe klarer darzustellen, können Sie beispielsweise im Vorfeld mit den

Kindern besprechen, was das Ziel der Aufgabe sein soll. Oder Sie heften ein Foto des Kindes an die Schultüte/ Zuckertüte und erklären im Vorfeld, dass es den Inhalt selbst wählen kann, wenn sein Foto daran befestigt ist. Sollte das Kind dennoch nichts mit der Aufgabe anfangen können, hat es die Möglichkeit, die Frageklammer anzubringen, um bei Ihnen nachfragen zu können.

Was gefördert wird:

Das Kind kann selbstbestimmt handeln und entscheiden, welchen Inhalt es hinzufügen möchte. Außerdem fördert dieses Angebot die Grob- und Feinmotorik. Das Kind lernt, was man alles in eine Schultüte/ Zuckertüte füllen kann. Es schult die Konzentration und die Ausdauer. Ebenso kann das Kind seine Kreativität und Fantasie entfalten. Kommt das Kind mit Ihnen in den Austausch, so hat es die Möglichkeit, auch seinen Wortschatz mit neuen Dingen zu erweitern.

Tipp: Wenn die Aufgabe einige Male wiederholt wurde, können Sie die Bilder auch durch Stifte ersetzen und eine aufgemalte Zuckertüte zum Bemalen bereitlegen. So kann das Kind seine Kreativität und Fantasie bestmöglich ausleben und zum Ausdruck bringen.

Aktionstablett 2: Muster legen

Sie benötigen:

- ein Tablett
- Vorlagen zu verschiedenen Mustern
- Vorlagen zu verschiedenen Mustern (mit bunten Linien)
- Muggelsteine

So funktioniert es:

Auf dem Tablett sollten die Vorlagen sowie ein Korb mit Muggelsteinen bereitstehen. Das Kind kann dann die Muggelsteine aus dem Korb nehmen und diese entlang der Linie des Musters legen. Eine weitere Variante ist, dass die vorgegebenen Muster eine bestimmte farbliche Reihenfolge aufweisen. In eben diesen Farben müssen dann auch die Muggelsteine sein, damit das Kind diese darauf verteilen kann.

Was gefördert wird:

Das Kind erkennt bestimmte Muster. Es kann seine Farbkenntnisse nutzen und seine Ausdauer trainieren. Da es zum Verteilen der Muggelsteine Fingerspitzengefühl braucht, wird auch seine Feinmotorik optimal geschult.

Tipp: Wenn die Kinder das Nachlegen der Muster beherrschen, können Sie die Muster auch nur teilweise vorgeben. So müssen sie diese selbstständig fortsetzen. Dementsprechend wird dann auch die Merkfähigkeit geschult.

Aktionstablett 3: Federmappe sortieren

Sie benötigen:

- ein Tablett
- eine leere Federmappe
- Material zum Befüllen der Federmappe
- ein Bild von der gefüllten Federmappe

So funktioniert es:

Auf dem Tablett befinden sich alle Materialien zum Arbeiten. Das Kind kann zunächst das Foto der gefüllten Federmappe betrachten. Anschließen kann es die leere Federmappe genauso befüllen, wie es auf dem Bild zu sehen. Mit der Zeit wird es sich immer besser merken können, wohin der Füller hinkommt und wohin die restlichen Materialien, sodass es das Bild zum Anschauen nicht mehr benötigt.

Was gefördert wird:

Diese Übung bereitet das Kind optimal auf den Schulalltag vor. Außerdem werden die Merkfähigkeit, der Ordnungssinn und die Feinmotorik des Kindes geschult.

Aktionstablett 4: Die Uhr

Sie benötigen:

- ein Tablett
- eine aufgemalte Uhr
- Holzstäbe
- Aufgabenblätter mit verschiedenen Uhrzeiten
- eine Frageklammer
- eine Klammer zum sichtbar machen, welche Aufgabe es gelöst hat

So funktioniert es:

Das Beste ist, dass Sie einen langen Streifen mit Uhren gestalten, deren Zeiten immer anders sind. An diesem kann das Kind mithilfe der Klammer markieren, welche Zeit es bereits gelegt hat. Dieses Tablett sollte jedoch erst dann zum Einsatz kommen, wenn Sie mit den Kindern über die Uhr im Morgenkreis gesprochen haben und diese die Grundkenntnisse beherrschen. Das Kind kann mithilfe der Stäbchen und der aufgemalten Uhr die verschiedenen Zeiten nachlegen.

Was gefördert wird:

Durch das Legen und Betrachten der Uhren kann es sich einprägen, wie die Zeiger bei bestimmten Uhrzeiten stehen müssen. Dies hilft, um ein besseres Verständnis für die Uhrzeit zu erlangen.

Aktionstablett 5: Tisch decken

Sie benötigen:

- ein Tablett
- Messer, Gabel, Teller, Tasse/ Glas, Serviette, Teelöffel, Eierbecher, Schüssel für Nachtisch
- ein großes Blatt, auf welchem der gedeckte Tisch aufgemalt ist
- ein Blatt, auf welchem die Reihenfolge aufgemalt ist, wie man einen Tisch deckt
- eine Klammer, um den erledigten Arbeitsschritt zu markieren

So funktioniert es:

Auf dem Tablett liegt das große Blatt, auf welchem das Kind den gedeckten Tisch sehen kann. Dieses können Sie laminieren. In einem Korb findet es alle Utensilien, die es zum Tisch decken benötigt, sowie die Klammer, um den erledigten Arbeitsschritt zu markieren. Ebenso benötigt das Kind das zweite Blatt, möglichst schmal gehalten (etwas breiter als ein 30cm Lineal), auf welchem Schritt für Schritt gezeigt wird, was es als Nächstes auf den Tisch stellen darf. Die Reihenfolge kann natürlich variieren, denn nicht in jedem Haushalt wird der Tisch auf die gleiche Art und Weise gedeckt. Diese Übung dient lediglich dazu, dass das Kind lernt, was es braucht, um einen Tisch zu decken.

Was gefördert wird:

Das Kind lernt, was es alles benötigt, um den Tisch zu decken. Ebenfalls erfährt es, welche Regeln es dabei gibt, beispielsweise die Anordnung des Besteck (einfache Variante).

Die Konzentration wird geschult und es lernt bestimmte Abläufe kennen. Ebenso wird die Achtsamkeit geschult, da ein Teller, wenn er herunterfällt, schnell kaputt gehen kann. Auch die Feinmotorik sowie die Grobmotorik werden gefördert. Zudem lernen die lieben Kleinen, wie viel Kraftaufwand nötig ist, um einen Teller oder das Besteck zu bewegen.

Aktionstablett 6: Serviette falten

Sie benötigen:

- ein Tablett

- eine einfache Schritt-für-Schritt-Anleitung zum Servietten falten

- eine neue Serviette (es ist empfehlenswert, diese nach jeder Nutzung des Tabletts auszutauschen, da das Material sehr dünn ist)

So funktioniert es:

Das Kind kann die Serviette falten, so wie es auf der Anleitung beschrieben ist. Wichtig ist, dass es in aller Ruhe dabei vorgeht und die einzelnen Schritte einhält.

Was gefördert wird:

Einfache Falttechniken werden geschult und gefestigt. Es lernt die Beschaffenheit des feinen Materials kennen und somit auch, dass es beim Falten besonders vorsichtig vorgehen muss, damit die Serviette nicht reißt. Ebenso wird seine Fein- und Grobmotorik geschult, aber auch die Ausdauer und Konzentration. Diese Aufgabe hilft dem Kind auch, dass es manchmal mehrere Anläufe benötigt, um eine Aufgabenstellung zu lösen.

Tipp: Wenn ein Kind seine Serviette falten kann, so kann es diese am Nachmittag mit nach Hause nehmen und den Eltern präsentieren. Vielleicht verspürt es dann auch zu Hause noch Lust, für die Familie Servietten zu falten. Dieses Aktionstablett kann in Kombination mit dem vorher beschriebenen Tablett zum Tisch decken angeboten werden.

Aktionstablett 7: Buchstaben

Sie benötigen:

- ein Tablett

- Materialkorb mit Buchstaben (wichtig, dass von jedem Buchstaben mehrere vorhanden sind)

So funktioniert es:

Kinder sind besonders stolz darauf, wenn sie ihren eigenen Namen oder auch andere Wörter schreiben können. Mit den Buchstaben können sie diese auf dem Aktionstablett gut legen. Das Angebot kann aber auch erweitert werden, in dem das Kind die Buchstaben als Schablonen verwendet und seine gelegten Wörter auf Papier überträgt.

Da es nun ein Vorschulkind ist, können Sie auch das einfache Ausmalen durch das Malen verschiedener Muster ersetzen. Fügen Sie hierfür dem Tablett einfach eine Übersicht verschiedener Muster (Zickzack, Looping, Wellenlinie, Kreise, usw.) hinzu.

Was gefördert wird:

Neben der Vertiefung der richtigen Stifthaltung werden hier verschiedene Schwungübungen gefördert, welche später für das richtige Schreiben-Lernen wichtig sind. Ebenso wird die Feinmotorik, die Ausdauer, die Konzentration, aber auch die Kreativität und Fantasie gefördert. Außerdem werden auch die kognitiven Fähigkeiten (Merkfähigkeit, Denkfähigkeit) geschult.

Aktionstablett 8: Mengen

Sie benötigen:

- ein Tablett
- verschieden große Würfel zum Befüllen
- einen Löffel
- Reis, Erbsen, Linsen oder Sand

So funktioniert es:

Mit dem Löffel kann das Kind die Würfel mit dem Sand oder dem Material, welches Sie auswählen, befüllen. Die Würfel können beispielsweise der Größe nach mit Zahlen versehen werden. Anfangs können Sie dies selbst kennzeichnen, damit das Kind erstmal ein Verständnis dafür bekommt. Später kann man das Tablett dahingehend erweitern, dass das Kind die Zahlen selbst zuordnen muss.

Eine weitere Erweiterung wäre hier auch, dass der Sand durch einen Trichter in die Würfel gefüllt werden muss. Das Kind sollte auch die Möglichkeit haben, am Ende zu vergleichen, ob seine Lösungen richtig sind. Hierfür können Sie ein Foto von der richtigen Zahlenreihenfolge hinzufügen, welches sie am besten in einem Briefumschlag dem Tablett beilegen. Im Vorfeld kann man mit den Kindern besprechen, dass dieser Umschlag erst geöffnet wird, wenn die Aufgabe vollständig gelöst ist.

Was gefördert wird:

Das Kind kann selbstständig agieren. Die Feinmotorik, die Konzentration, die Ausdauer und die Zahlenkenntnis werden geschult. Ebenso fördert die Aufgabe die Lernbereitschaft des Kindes. Durch die Möglichkeit, die Lösung selbst zu kontrollieren und gegebenenfalls Fehler selbst auszubessern, lernt das Kind wunderbar durch Versuch und Irrtum.

Aktionstablett 9: Schleifen binden

Sie benötigen:

- ein Tablett
- Schnürsenkel
- eine Figur/ ein Schuh zum Schleifen binden

(Vorlage auf: https://www.pinterest.de/pin/853080354392729371/)

- Anleitung, wie man Schritt für Schritt die Schleifen bindet (Montessori)

So funktioniert es:

Bevor die Kinder mit diesem Tablett das Schleifen binden üben, sollten Sie es ihnen im Morgenkreis einige Male zeigen, damit die Kinder sehen, wie die einzelnen Schritte umgesetzt werden sollten. Bei der Arbeit mit dem Tablett können sich die Kinder dann die Schritt-für-Schritt-Anleitung zu Rate ziehen und das Schleifen-Binden trainieren.

Was gefördert wird:

Hier werden vor allem Ausdauer, Konzentration und die Feinmotorik geschult. Das Ziel ist es, dass das Kind nach einigen Versuchen selbstständig Schleifen binden kann und dies auch im Alltag umsetzen wird.

Aktionstablett 10: Das Wetter

Sie benötigen:

- ein Tablett
- einen Materialkorb
- verschiedene Bilder zum Wetter
- Gegenstände, die zu den verschiedenen Wetterverhältnissen passen (es können auch Bilder sein)

So funktioniert es:

Das Kind wählt nacheinander die jeweiligen Bilder zum Wetter aus und sortiert dann die Gegenstände oder kleinen Bilder mit typischen Dingen, die beispielsweise zum Regenwetter passen, hinzu.

Was gefördert wird:

Hier wird die Auge-Hand-Koordination sowie die Feinmotorik gefördert. Das Kind kann sein Wissen selbstständig überprüfen. Es kann sich außerdem die verschiedenen Wettermerkmale durch anschauliches Material einprägen.

Kapitel 9 - Die Zahlen

Aktionstablett 1: Zahlenreihenfolge

Sie benötigen:

- ein Tablett
- zehn verschieden große Vorhängeschlösser
- die passenden Schlüssel
- einen Korb für die Materialien

So funktioniert es:

Die Schlösser und Schlüssel müssen im Vorfeld beschriftet werden. Dann kann das Kind beides in die richtige Zahlenreihenfolge bringen. Im nächsten Schritt kann es dann mit dem passenden Schlüssel die Schlösser öffnen.

Was gefördert wird:

Hier werden die Grob- und Feinmotorik, die Auge-Hand-Koordination, die Konzentration und das Verständnis für Zahlen gefördert. Ebenso kann das Kind eigenständig handeln, indem es die Schlösser aufschließt. Es lernt auch, dass man den Schlüssel in eine bestimmte Richtung drehen muss. Dies weckt die Lust zum Experimentieren.

Aktionstablett 2: Finde die Zahl

Sie benötigen:

- ein Tablett
- einen Korb mit Moosgummizahlen bis zur 9
- einen Korb mit Muggelsteinen
- ein laminiertes Blatt, auf welches Sie ein Zahlengitter aufgemalt haben

So funktioniert es:

Über dem Zahlengitter befindet sich ein Viereck, wo das Kind die Zahl, die es suchen muss, hineinlegen kann. Mit den Muggelsteinen markiert es beispielsweise alle Dreien im Gitter.

Tipp: Sie können die Moosgummizahlen auch farblich passend zu den Muggelsteinen gestalten. So kann das Kind diese nebeneinander hinlegen und das Zahlengitter ergibt später ein buntes Muster, da ja alle Zahlen eine bestimmte Farbe haben.

Was gefördert wird:

Hier werden die Grob- und Feinmotorik, die Auge-Hand-Koordination, die Konzentration und das Verständnis für Zahlen gefördert. Ebenso kann das Kind eigenständig handeln.

Aktionstablett 3: Murmelzahl

Sie benötigen:

- ein Tablett
- einen Korb mit Zahlen
- einige Holzstäbe
- Holzperlen
- Karten mit Zahlen

So funktioniert es:

Hier kann sich das Kind selbstständig die Zahlen wählen. Passend zu diesen muss es dann die Holzstäbe mit den Holzperlen bestücken. Diese bringt es dann in die richtige Reihenfolge.

Was gefördert wird:

Hier werden die Grob- und Feinmotorik, die Auge-Hand-Koordination, die Konzentration und das Verständnis für Zahlen gefördert. Ebenso kann das Kind eigenständig handeln.

Aktionstablett 4: Pinnbrett mit Gummis

Sie benötigen:

- ein Tablett
- eine Pinnwand
- Pinnnadeln
- Zahlenkarten (3D mit Samt oder Sandpapier aufgeklebt)
- Gummis

So funktioniert es:

Auf den Karten, je nachdem, welche Sie auswählen, können die Kinder die Buchstaben oder Zahlen erst einmal durch Fühlen kennenlernen. Anschließend kann das Kind die Zahlen mit Pinnnadeln auf dem Tablett nachstecken und diese mit Gummis verbinden.

Was gefördert wird:

Der taktile Sinn, der visuelle Sinn, die Auge-Hand-Koordination und die Grob- und Feinmotorik werden mit diesem Angebot optimal geschult. Ebenso lernt das Kind die Zahlen Schritt für Schritt kennen und kann sich diese einprägen.

Aktionstablett 5: Zahlenkreis

Sie benötigen:

- ein Tablett

- Klammern mit Zahlen von 1 bis 10

- einen Kreis (unterteilt in zehn Abschnitte und mit Bildern gekennzeichnet → ein Apfel bei der Eins, zwei Katzen bei der zwei, ...)

So funktioniert es:

Schnell wird das Kind verstehen, dass es die Bilder zählen und dann die jeweilige Klammer zuordnen muss.

Was gefördert wird:

Der taktile Sinn, der visuelle Sinn, die Auge-Hand-Koordination und die Grob- und Feinmotorik werden mit diesem Angebot optimal geschult. Ebenso lernt das Kind die Zahlen Schritt für Schritt kennen und kann sich diese einprägen.

Kapitel 10 – Die Buchstaben

Aktionstablett 1: Finde die Buchstaben

Sie benötigen:

- ein Tablett
- einen Korb mit Moosgummizahlen bis zur 9
- einen Korb mit Muggelsteinen
- ein laminiertes Blatt, auf welches Sie ein Zahlengitter aufgemalt haben

So funktioniert es:

Über dem Zahlengitter befindet sich ein Viereck, wo das Kind die Zahl, welche es suchen muss, hineinlegen kann. Mit den Muggelsteinen markiert es beispielsweise alle Dreien im Gitter.

Tipp: Sie können die Moosgummizahlen auch farblich passend zu den Muggelsteinen gestalten. So kann das Kind diese nebeneinander hinlegen und das Zahlengitter ergibt später ein buntes Muster, da ja alles Zahlen eine bestimmte Farbe haben.

Was gefördert wird:

Hier werden die Grob- und Feinmotorik, die Auge Hand Koordination, Konzentration und das Verständnis für Zahlen gefördert. Ebenso kann das Kind eigenständig handeln, indem es die Schlösser aufschließt.

Aktionstablett 2: Buchstaben-Pins mit Gummis

Sie benötigen:

- ein Tablett
- eine Pinnwand
- Pinnnadeln
- Buchstabenkarten (3D mit Samt oder Sandpapier aufgeklebt)
- Gummis

So funktioniert es:

Auf den Karten, je nachdem, welche Sie auswählen, können die Kinder die Buchstaben oder Zahlen erst einmal durch Fühlen kennenlernen. Anschließend kann das Kind die Buchstaben oder Zahlen mit Pinnnadeln auf dem Tablett nachstecken und diese mit Gummis verbinden.

Was gefördert wird:

Der taktile Sinn, der visuelle Sinn, die Auge-Hand-Koordination und die Grob- und Feinmotorik werden mit diesem Angebot optimal geschult. Ebenso lernt das Kind die Buchstaben und Zahlen Schritt für Schritt kennen und kann sich diese einprägen.

Aktionstablett 3: Sanddruck

Sie benötigen:

- ein Tablett
- ein Gefäß mit Sand
- Stempel mit Buchstaben

So funktioniert es:

Gewiss kennt Ihre Kindergartengruppe bereits die Stempel. Sie werden daher automatisch zu diesen greifen und sie in den Sand hineinpressen. Zum Erweitern können Sie auch einfache Wortkarten (Mama, Papa, den Namen des Kindes) hinzufügen. So kann das Kind diese Worte nachstempeln.

Was gefördert wird:

Es werden die Auge-Hand-Koordination, die Fein- und Grobmotorik, die Konzentration und die Lust zum Experimentieren gefördert. Zusätzlich regen Sie das Interesse an Buchstaben und Wörtern an.

Aktionstablett 4: Wortklammern

Sie benötigen:

- ein Tablett
- Klammern mit Buchstaben (pro Buchstabe ca. 5)
- Wortkarten mit einfachen Worten und großen Buchstaben (Beispiel)

So funktioniert es:

Das Kind kann sich die jeweilige Wortkarte wählen und mit den passenden Klammern das Wort selbst „schreiben", indem es die Klammern unter den jeweiligen Buchstaben klemmt.

Tipp: Wenn Sie es den Kinder zunächst einfacher machen wollen, können Sie auf die Wortkarten auch ein Bild des jeweiligen Worts hinzufügen.

Was gefördert wird:

Es werden die Auge-Hand-Koordination, die Fein- und Grobmotorik, die Konzentration und die Lust zum Experimentieren gefördert. Zusätzlich regen Sie das Interesse an Buchstaben und Wörtern an.

Aktionstablett 5: ABC Brett von Montessori

Sie benötigen:

- ein Tablett
- ABC Brett Montessori
- Füllmaterial

So funktioniert es:

Das Kind kann hier zunächst die leeren Buchstaben mit den Fingern erkunden. Anschließend darf es diese mit den bereitstehenden Materialien (Steine, Mais, ...) befüllen.

Was gefördert wird:

Es werden die Auge-Hand-Koordination, die Fein- und Grobmotorik, die Konzentration und die Lust zum Experimentieren gefördert. Zusätzlich regen Sie das Interesse an Buchstaben und Wörtern an. Außerdem schulen Sie so die Schreibbewegungen durch das Nachfahren der Buchstaben.

Kapitel 11 - Musik

Musikalische Bildung und Frühförderung zählt ebenfalls zu den wichtigsten Themen der Kindergartenzeit. Musik bietet den Kindern eine Auszeit von den vielen Lernangeboten und sie schenkt ihnen Spaß an verschiedenen Klängen. Musik belebt Körper und Geist. Musik kann sogar helfen, wenn es darum geht, wieder zu sich zu finden.

Auch zur Musik lassen sich viele tolle Aktionstabletts entwickeln. Daher möchte ich Ihnen nicht länger meine Beispiele vorenthalten.

Aktionstablett 1: Geräusche-Memory

Sie benötigen:

- ein Tablett
- einen Tiptoi
- einige Karten des Geräusche-Memorys

So funktioniert es:

Mit dem Stift kann das Kind die Karten antippen. Dieser gibt dann die jeweiligen Geräusche des Bildes, welches sich auf der verdeckten Seite befindet, wieder. So muss es dann die passende Karte finden, bis es alle Paare vervollständigt hat.

Was gefördert wird:

Bei diesem Spiel werden die Merkfähigkeit und die Konzentration trainiert. Außerdem fördert es die Auge-Hand-Koordination und die Feinmotorik. Das Gehör des Kindes wird ebenfalls geschult, da es sich verschiedene Geräusche einprägen muss.

Aktionstablett 2: Was klingt denn da?

Sie benötigen:

- ein Tablett

- verschiedene Instrumente

So funktioniert es:

Das Kind kann nacheinander all die Instrumente ausprobieren, welche es auf dem Tablett vorfindet.

Was gefördert wird:

Hier wird der auditive Sinn geschult. Ebenso fördert dieses Angebot die Auge-Hand-Koordination, die Feinmotorik und die Konzentration.

Aktionstablett 3: Pustekuchen

Sie benötigen:

- ein Tablett
- verschiedene Gegenstände, in die man Luft hineinblasen kann

So funktioniert es:

Das Kind wählt nacheinander die Gegenstände aus und pustet hinein. So kann es hören, welche Töne die einzelnen Dinge von sich geben.

Was gefördert wird:

Bei diesem Spiel werden die Merkfähigkeit und die Konzentration trainiert. Außerdem fördert es die Auge-Hand-Koordination und die Feinmotorik. Das Gehör des Kindes wird ebenfalls geschult, da es sich verschiedene Geräusche einprägen muss. Zusätzlich wird auch die Mundmotorik geschult.

Aktionstablett 4: Kling Klang Farbkonzert

Sie benötigen:

- ein Tablett
- ein Glockenspiel, deren Tasten Sie mit verschiedenen Farben bekleben
- einfache Kinderlieder, deren Noten Sie farblich kennzeichnen
- einen Stab, um das Glockenspiel zu spielen

So funktioniert es:

Das Kind kann den Liedzettel betrachten und versuchen, dass Lied mithilfe der farblichen Markierung nachzuspielen, mit etwas Übung wird es hier immer besser werden und gewiss eine Menge Spaß haben. Achten Sie darauf, dass die Kinderlieder nicht zu kompliziert sind und dass die Kinder diese sogar schon kennen. So fällt es ihnen leichter, die Melodie herauszufinden und sie singen vielleicht auch mit.

Was gefördert wird:

Bei diesem Spiel werden die Merkfähigkeit und die Konzentration trainiert. Außerdem fördert es die Auge-Hand-Koordination und die Feinmotorik. Das Gehör des Kindes wird ebenfalls geschult, da es sich verschiedene Töne einprägen muss. Zusätzlich wird auch die Sprache gefördert, wenn es das Lied mitsingen kann.

Aktionstablett 5: Instrumentenmemory

Sie benötigen:

- ein Tablett
- Memorykarten mit Instrumenten
- die passenden Instrumente zu den Karten

So funktioniert es:

Auf dem Tablett sollten die Materialien bereit liegen. Das Kind kann alle Karten umdrehen und nacheinander beginnt es dann, diese aufzudecken. In einem Korb sind alle Instrumente vorhanden. Zu jeder Karte gibt es eines. Hat das Kind beispielsweise Klanghölzer auf der Karte, so kann es diese heraussuchen und letztlich sogar ausprobieren.

Was gefördert wird:

Dieses Angebot fördert die Feinmotorik, die Auge-Hand-Koordination, die Konzentration und die Ausdauer. Außerdem wird der Hörsinn angeregt und das Gedächtnis geschult.

Kapitel 12 - Experimente

Was gibt es Schöneres als selbst herauszufinden, wie etwas funktioniert? Am besten funktioniert dies mit Experimenten. Aber klären wir zunächst einmal, was denn ein Experiment überhaupt ist: Betrachtet man das Wort aus wissenschaftlicher Perspektive, so könnte man auch sagen, es ist ein Versuch, um etwas herauszufinden oder aber die Erfahrung, die man dabei macht. Durch Experimente kommt man an neue Informationen, die einem nützlich sein könnten.

In der Medizin oder der Naturwissenschaft werden daher zahlreiche Experimente durchgeführt. Aber auch für Kinder gibt es einige tolle Experimente. Beispielsweise zu den verschiedenen Elementen. In diesem Kapitel möchte ich Ihnen daher einige Beispiele für Experimente offenlegen, welche bei Kindern große Begeisterung auslösen können.

Weiter hinten im Buch fasse ich außerdem ein paar Literaturtipps für Sie zusammen, welche Sie sich für die Einrichtung oder auch als Privatperson kaufen können. Diese bieten unzählige Experimente von einfach über knifflig bis spannend.

Wer aber gerne Experimente selbst ausprobiert, der kann überlegen, eine Weiterbildung beim Haus der kleinen Forscher zu besuchen. Dort bekommen Sie nicht nur tollen Input, sondern auch Material für wenig Geld mit an die Hand, was Sie für Ihre wertvolle Arbeit mit Kindern nutzen können. Wie Sie zum Haus der Kleinen Forscher finden, erfahren Sie ebenfalls unter den Literaturtipps.

Aktionstablett 1: Taschenlampe leuchten lassen

Sie benötigen:

- ein Tablett
- eine Taschenlampe
- Batterien
- eine Anleitung

So funktioniert es:

Anhand der Anleitung kann das Kind sehen, wie die Batterien in die Taschenlampe hineingesteckt werden müssen. Es kann die Taschenlampe selbstständig öffnen und die Batterien hineinstecken. Anschließend verschließt es die Taschenlampe wieder und schaltet sie ein. Beginnt diese zu leuchten, weiß es, dass es alles richtig gemacht hat. Leuchtet sie nicht, muss es diese wieder öffnen, die Batterien herausnehmen und einen neuen Versuch starten.

Was gefördert wird:

Die Auge-Hand-Koordination, die Konzentration, der Tastsinn und die Grob-/ Feinmotorik werden mit diesem Angebot wunderbar geschult. Das Kind erfährt, dass es bei der Batterie + und – gibt und lernt, welche Seiten miteinander harmonieren, damit letztendlich Licht brennen kann. Außerdem werden auch die kognitiven Fähigkeiten (Merkfähigkeit, Denkfähigkeit) geschult.

Aktionstablett 2: Magnete

Sie benötigen:

- ein Tablett
- einen magnetischen Stab
- einen Korb mit vielen Magneten (gibt es als Kugeln)

So funktioniert es:

Das Kind kann sich den magnetischen Stab zur Hand nehmen und beobachten, was geschieht, wenn es eine Kugel daran hält. Bleibt diese haften, hat es die Möglichkeit, herauszufinden, wie viele Kugeln es mit dem Stab auf einmal sammeln kann. Ebenso kann es mithilfe des magnetischen Stabes die bunten Kugeln nach Farben sortieren. Hierfür braucht man dann weitere Körbe oder Schalen, in welche die Farben sortiert werden können.

Was gefördert wird:

Die Grob- und Feinmotorik, die Auge-Hand-Koordination und die Konzentration werden geschult. Die Zahlenkenntnisse beim Abzählen werden gefestigt. Außerdem eignet es sich Wissen über die Wirkung von Magneten an. Sortiert das Kind die Kugeln nach Farben, kann es seine Farbkenntnisse festigen.

Aktionstablett 3: Das bunte Schwarz

Sie benötigen:

- ein wasserfestes Tablett
- einen schwarzen Edding
- Kaffeefilter
- eine Pipette
- ein Gefäß mit Wasser

So funktioniert es:

Das Kind legt das Kaffeefilterpapier auf das Tablett und malt mit dem schwarzen Edding einen oder mehrere Punkte darauf.

Anschließend saugt es mit der Pipette Wasser auf und gibt jeweils einen Tropfen (je nach Größe des Punktes) Wasser auf den schwarzen Punkt. Dann kann es beobachten, was passiert.

Was gefördert wird:

Die Grob- und Feinmotorik, die Konzentration sowie der Kraftaufwand werden hier gefördert. Aber auch die Auge-Hand-Koordination und die Beobachtungsgabe. Das Kind lernt außerdem, das Schwarz nicht nur Schwarz ist, sondern eigentlich mehrere Farben beinhaltet, die es ohne das Wasser nicht erkannt hätte.

Aktionstablett 4: Der wachsende Gummibär

Sie benötigen:

- ein wasserfestes Tablett
- eine Schale mit Gummibären
- ein Gefäß mit Wasser (am besten durchsichtig, damit das Kind gut beobachten kann)

So funktioniert es:

Um einen Gummibären wachsen zu lassen, braucht man nur eines: Wasser und Zeit. Hierfür wird also der Gummibär in das Gefäß mit Wasser gegeben. Anschließend braucht man Geduld, da es einige Minuten dauert, ehe der Gummibär zu wachsen beginnt. Es bietet sich also an, in der Zwischenzeit noch etwas anderes zu machen.

Was gefördert wird:

Hier wird vor allem die Ausdauer und die Konzentration, aber auch die Feinmotorik sowie die Auffassungsgabe gefördert.

Aktionstablett 5: Was ist schwer und was ist leicht

Sie benötigen:

- ein Tablett
- eine Balkenwaage
- einen Korb mit verschieden schweren Gegenständen (Feder, Kastanie, Büroklammer, Radiergummi, Stein, usw.)

So funktioniert es:

Im ersten Schritt kann das Kind die verschiedenen Gegenstände auf die Balkenwaage legen und schauen, wie schwer etwas ist. Hier kommen dann die Gewichte zum Einsatz, die es auf die andere Schale legen kann.

Wenn es die Zahlen bereits lesen kann und weiß, dass das kleine g die Abkürzung für Gramm ist, wird es einfach herausfinden, wie viel die Gegenstände wiegen. Im zweiten Schritt kann es aber auch die verschiedenen Gegenstände miteinander vergleichen und sehen, welcher schwerer und welcher leichter ist.

Was gefördert wird:

Auch hier wird die Auge-Hand-Koordination wieder geschult. Das Kind lernt, dass bestimmte Gegenstände unterschiedliche Gewichte haben. Außerdem werden auch die Feinmotorik, die Konzentration und die mathematischen Kenntnisse gefördert.

Aktionstablett 6: Was kann schwimmen

Sie benötigen:

- ein wasserfestes Tablett
- ein Gefäß mit Wasser
- einen Korb mit verschiedenen Gegenständen

So funktioniert es:

Das Kind muss zunächst das Gefäß mit Wasser befüllen. Anschließend kann es die verschiedenen Gegenstände aus dem Korb herausnehmen und in das Wasser legen. Hierbei kann es beobachten, was schwimmt und was zu Boden sinkt.

Was gefördert wird:

Mit dem Angebot können Sie die Auge-Hand-Koordination, die Feinmotorik und die Lust am Experimentieren fördern. Außerdem schult es die Konzentration und die Beobachtungsgabe des Kindes.

Aktionstablett 7: Wasser, Öl und Farbe

Sie benötigen:

- ein wasserfestes Tablett
- einen Reagenzglashalter
- ein Glas mit Wasser
- etwas Öl
- etwas Farbe
- eine Pipette
- einen kleinen Spachtellöffel oder besser einen Plastikeislöffel

So funktioniert es:

Hier kann das Kind selbst entscheiden, wie es vorgeht. Das Angebot dient dazu, dass das Kind sehen kann, was passiert, wenn all die Zutaten aufeinander treffen. Um das Angebot zu erweitern, kann man auch noch Sand hinzufügen.

Was gefördert wird:

In erster Linie wird durch dieses Angebot die Lust zum Experimentieren gefördert. Ebenso schult es die Auge-Hand-Koordination, die Feinmotorik, den Tastsinn und den Sehsinn sowie die Konzentration des Kindes. Das Kind kann hierbei wunderbar sehen, welche Auswirkungen das eigene Handeln und die getroffenen Entscheidungen haben.

Aktionstablett 8: Salz, Zucker und Wasser

Sie benötigen:

- ein wasserfestes Tablett
- etwas Salz und etwas Zucker
- ein Behälter, am besten durchsichtig, mit Wasser
- ein Löffel

So funktioniert es:

Sobald das Wasser in den Behälter gefüllt ist, kann das Kind etwas Zucker hineingeben und diesen mit einem Löffel umrühren. Das Gleiche macht es dann mit dem Salz. Hierbei kann das Kind schön beobachten, wie sich beides im Wasser auflöst.

Was gefördert wird:

Neben der Konzentration werden hier die Auge-Hand-Koordination, die Feinmotorik, der Tastsinn und der Sehsinn gefördert. Auch die Beobachtungsgabe wird geschult.

Aktionstablett 9: Spiegel malen

Sie benötigen:

- ein Tablett
- Papier
- einen Spiegel
- Stifte

So funktioniert es:

Der Spiegel wird so auf das Blatt gestellt, dass das Kind daran malen kann.

Was gefördert wird:

Hierbei sind die Konzentration und die Ausdauer sehr wichtig. Der Spiegel muss gut festgehalten werden, damit dieser beim Malen nicht umkippt. Es werden demnach die Auge-Hand-Koordination, die Feinmotorik und die Geduld des Kindes gefördert.

Aktionstablett 10: Zuckerbilder

Sie benötigen:

- ein wasserfestes Tablett
- drei Becher mit Wasser
- eine Pipette
- Lebensmittelfarbe
- Würfelzucker
- Pappteller

So funktioniert es:

Zuerst muss das Kind die Lebensmittelfarbe in die Wasserbecher füllen. Wichtig ist, dass diese nicht mit zu viel Wasser befüllt sind. Anschließend verteilt es seine Zuckerwürfel auf dem Pappteller. Langsam saugt es dann mit der Pipette etwas von dem Wasser ein. Hierbei sollte es die Farben einzeln wählen.

Danach gibt es einige Tropfen des Wassers direkt auf die Zuckerwürfel. Entweder fährt es direkt mit dem nächsten Würfel und der nächsten Farbe fort, oder es beobachtet zunächst, was geschieht.

Was gefördert wird:

Mit dem Angebot können Sie die Lust zum Experimentieren wecken. Ganz nebenbei werden der Tastsinn, der Sehsinn, die Feinmotorik und die Auge-Hand-Koordination gefördert. Außerdem schult das Angebot auch die Konzentration, die Beobachtungsgabe und die Ausdauer des Kindes.

Kapitel 13 – Die Elemente

Wasser, Erde, Feuer, Luft – Tag täglich kommen wir mit mindestens einem dieser Elemente in Berührung. Auch hierfür lassen sich tolle Aktionstabletts gestalten, bei denen Kinder die Elemente kennenlernen können und herausfinden, was man Tolles mit ihnen machen kann.

Wenn Sie Aktionstabletts mit verschiedenen Experimenten entwickeln, können Sie die Lust zum Experimentieren der Kinder wecken. Ebenso regen Sie deren Fantasie an, da bei manchen Experimenten die tollsten Dinge entstehen können.

13.1 DAS WASSER

Es ist nass! Es fällt vom Himmel. Man kann es trinken und Blumen damit gießen. Doch Wasser kann und ist so vieles mehr. Wasser ist Lebensraum. Mit Wasser kann man Feuer löschen aber auch Berge bauen.

Mit einigen tollen Experimenten, die ich Ihnen gleich vorstellen werde, können Kinder so vieles über das Wasser lernen.

Aktionstablett 1: Wasserberg

Sie benötigen:

- ein wasserfestes Tablett
- eine Pipette
- ein leeres Teelicht
- ein Gefäß mit Wasser
- einen Lappen

So funktioniert es:

Mit der Pipette wird das Wasser aufgesaugt und langsam in das leere Teelicht hineingefüllt. Der Vorgang wird so lange wiederholt, bis letztlich der Wasserberg bricht und sich das Wasser auf dem Tablett verteilt.

Was gefördert wird:

Durch den Umgang mit der Pipette wird die Fingerfertigkeit und die Grob- und Feinmotorik geschult. Ebenso lernt das Kind, sich zu konzentrieren und geduldig zu sein. Außerdem sieht es, dass man mit etwas Geschick auch Berge aus Wasser bauen kann.

Aktionstablett 2: Was kann schwimmen?

Sie benötigen:

- ein wasserfestes Tablett
- eine Schale mit Wasser
- verschiedene Gegenstände

So funktioniert es:

Die verschiedenen Gegenstände werden langsam und nacheinander in das Wasser gelegt.

Was gefördert wird:

Das Kind kann vergleichen, welche Dinge schwimmen und welche untergehen. Die Fein- und Grobmotorik sowie die Ausdauer und die Konzentration werden hierbei gefördert. Außerdem werden auch die kognitiven Fähigkeiten (Merkfähigkeit, Denkfähigkeit) geschult.

13.2 DIE ERDE

Sie ist braun bis schwarz, und man nutzt sie, um Blumen oder Bäume einzupflanzen. Man nennt sie auch Boden. Dieser ist der oberste Teil unseres Planeten – der Erde. Es ist der belebte Teil unseres Planeten, der Grund, auf welchem wir gehen. Auch mit Erde kann man wunderbare Aktionstabletts gestalten. Ein paar davon möchte ich Ihnen nun vorstellen.

Aktionstablett 1: Erde oder Sand sieben

Sie benötigen:

- ein Tablett
- ein Sieb (oder mehrere)
- Sand oder Erde
- mehrere Gefäße

So funktioniert es:

Mit dem Sieb kann das Kind den Sand oder die Erde sieben. Sie können auch gerne ein paar kleine Überraschungen in der Erde/ dem Sand verstecken. Somit hat das Kind ein tolles Aha-Erlebnis und findet ein paar Schätze.

Was gefördert wird:

Durch das Angebot wird die Auge-Hand-Koordination, die Grob- und Feinmotorik sowie die Fantasie des Kindes gefördert und angeregt. Ebenso eignet es sich Wissen an, beispielsweise, dass Sand und Erde aus kleinsten Steinchen bestehen.

Aktionstablett 2: Sandmalerei

Sie benötigen:

- ein Tablett
- Sand

So funktioniert es:

Bedecken Sie das Tablett mit Sand. Das Kind kann nun selbstständig darauf malen oder sich auch den Sand durch die Hände rieseln lassen. Vorschulkinder können im Sand auch Buchstaben oder Zahlen schreiben.

Was gefördert wird:

Die Kreativität und die Fantasie werden gefördert, ebenso der taktile Sinn. Das Kind lernt, grafische Herausforderungen umzusetzen. Außerdem sorgt das Tablett für Erholung.

13.3 DIE LUFT

Sie umgibt uns, wo immer wir uns befinden und sorgt dafür, dass wir durch das Atmen mit Sauerstoff versorgt werden. Wir sehen sie nicht, wir riechen sie nicht, wir schmecken sie nicht, wir können sie aber spüren. Auch mit Luft kann man wundervolle Aktionstabletts gestalten. Sie fragen sich, wie das gehen soll, wenn man sie doch nicht einfangen kann? Das werden Sie bei den folgenden Beispielen sehen können.

Aktionstablett 1: Filzperlen pusten

Sie benötigen:

- ein Tablett
- Filzperlen
- Strohhalme

So funktioniert es:

Auf dem Tablett werden die Materialien bereit gelegt. Das Kind kann dann die Filzperlen mithilfe des Strohhalms über das Tablett pusten. Um das Angebot zu erweitern, können Sie kleine Hindernisse hinzufügen, durch welche das Kind die Filzbälle mithilfe des Strohhalms pusten kann.

Was gefördert wird:

Die Aktion auf dem Tablett fördert die Mundmotorik, die Ausdauer und die Konzentration. Ebenso können Sie damit die Willensstärke des Kindes schulen, wenn es darum geht, die Filzbälle durch kleine Hindernisse zu pusten.

Aktionstablett 2: Seifenblasen

Sie benötigen:

- ein wasserfestes Tablett
- einen Strohhalm
- eine Schale mit Wasser
- etwas Spülmittel

So funktioniert es:

Bevor Sie dem Wasser etwas Spülmittel hinzufügen, sollten Sie sicher sein, dass die Kinder das Prinzip verstanden haben, das Wasser nicht zu trinken, sondern nur die Luft durch den Strohhalm zu pusten. Lassen Sie daher das Kind einige Male üben.

Was gefördert wird:

Die Aktion auf dem Tablett fördert die Mundmotorik, die Ausdauer und die Konzentration. Ebenso können Sie damit die Willensstärke des Kindes schulen, indem es dazu angeregt wird, ganz viele Seifenblasen entstehen zu lassen.

Aktionstablett 3: Filzperlen mit dem Strohhalm sortieren

Sie benötigen:

- ein Tablett
- Filzperlen in verschiedenen Farben
- Strohhalme
- Schalen für die verschiedenen Farben

So funktioniert es:

Auf dem Tablett werden die Materialien bereitgelegt. Das Kind kann dann die Filzperlen mithilfe des Strohhalms ansaugen und in die jeweiligen Schalen sortieren.

Tipp: Sie können das Angebot erweitern, indem Sie einige Muster aufmalen und die Kinder die mit dem Strohhalm angesaugten Filzperlen darauf verteilen.

Was gefördert wird:

Die Aktion auf dem Tablett fördert die Mundmotorik, die Ausdauer und die Konzentration. Mit der erweiterten Variante können Sie die Kreativität fördern.

13.4 DAS FEUER UND DAS LICHT

Es ist heiß! Es ist gefährlich! Es wärmt uns und es knistert. Feuer kann durch uns Menschen verursacht werden, aber auch durch die Natur selbst. Das Licht erhellt unsere Räume. Es kommt von der Sonne, kann aber auch durch uns Menschen erzeugt werden.

Aktionstablett 1: Schwimmende Teelichter

Sie benötigen:

- ein wasserfestes Tablett
- eine Schüssel mit Wasser
- Teelichter
- Streichhölzer

So funktioniert es:

Achtung! Dieses Angebot sollten Sie niemals unbeaufsichtigt durchführen lassen!

Auf dem Tablett sollte die Schüssel bereitstehen. Mit einer Kanne kann das Kind dann Wasser holen und dieses in die Schüssel füllen. Anschließend zündet es das Teelicht an und stellt dieses vorsichtig auf die Wasseroberfläche.

Erweiterung: Mit einem großen, leeren Gurkenglas kann man das Teelicht vorsichtig untertauchen und schauen, ob es dann immer noch brennt.

Was gefördert wird:

Hier wird die Experimentierlust, die Fein- und Grobmotorik und die Auge-Hand-Koordination gefördert.

Aktionstablett 2: Lagerfeuer

Sie benötigen:

- kleine Holzstücke
- rote und gelbe Papierstreifen
- kleine Steine
- ein Bild von einem Lagerfeuer

So funktioniert es:

Das Kind kann zunächst das Bild des Lagerfeuers betrachten. Anschließend hat es die Möglichkeit, dieses mit den Materialien auf dem Tablett darzustellen.

Sollten Sie die Möglichkeit haben, ein Tablett für die Kinder bereitzustellen, ist es sinnvoll, ein kleines Video für die Kinder darauf zu speichern, wo sie beispielsweise als Feuerwehrmann/Feuerwehrfrau die wichtigen Regel im Umgang mit Feuer erklären und erwähnen, dass die Kinder niemals einfach so ein Lagerfeuer machen dürfen.

Was gefördert wird:

Das Kind lernt durch das Video, dass Feuer auch Gefahr mit sich bringen kann. Bei dem Angebot werden seine Auge-Hand-Koordination und die Fein- und Grobmotorik sowie die Kreativität gefördert.

Aktionstablett 3: Sandmalerei auf einem Leuchttablett

Sie benötigen:

- ein Tablett mit beleuchteter Oberfläche

- Sand

So funktioniert es:

Bedecken Sie das Tablett mit Sand. Lassen Sie das Kind die Beleuchtung selbstständig einschalten und die Farbe wählen. Natürlich kann es zwischendurch auch wechseln. Das Kind kann nun selbstständig darauf malen oder sich den Sand auch durch die Hände rieseln lassen. Vorschulkinder können im Sand auch Buchstaben oder Zahlen schreiben.

Was gefördert wird:

Die Kreativität und die Fantasie werden gefördert, ebenso der taktile Sinn. Das Kind lernt, grafische Herausforderungen umzusetzen. Außerdem sorgt das Tablett für Erholung.

Aktionstablett 4: Was sehe ich denn da?

Sie benötigen:

- ein Tablett
- einen Karton (außen und innen schwarz bemalt, mit einer kleinen Öffnung an der Seite versehen und eine Öffnung oberhalb)
- eine Taschenlampe
- ein A4 Blatt mit Symbolen
- ein Korb mit Muggelsteinen

So funktioniert es:

Den Karton bereiten Sie wie folgt vor: Bemalen Sie ihn von innen und außen mit schwarzer Farbe. Nach dem Trocknen schneiden Sie die oben benannten Öffnungen hinein und kleben beispielsweise kleine Bilder an verschiedenen Stellen des Innenraumes an.

Sie sollten die Plätze aber so wählen, dass das Kind diese beim Hineinleuchten auch sehen kann. Beim Angebot selbst, wählt das Kind, durch welche Öffnung es die Taschenlampe leuchten lässt und durch welche es selbst hineinsieht. Mit der Taschenlampe leuchtet es den Innenraum gut aus und kann die Bilder oder Gegenstände suchen. Das, was es findet, darf es auf dem A4 Blatt mit einem Muggelstein markieren.

Was gefördert wird:

Geschult werden hier die Auge-Hand-Koordination, die Ausdauer, die Konzentration, die Experimentierfreude, die Grob- und Feinmotorik sowie der visuelle Sinn.

Kapitel 14 – 3D Tabletts

Bevor ich Ihnen einige Beispiele für 3D Tabletts gebe, möchte ich Ihnen kurz erklären, was 3D überhaupt bedeutet. 3D ist eine gängige Abkürzung für dreidimensional dargestellte Körper im Raum. Hauptsächlich besteht 3 D aus der Raumlänge, der Raumhöhe und der Raumbreite. Auch auf den Aktionstabletts können Kinder wunderbar dreidimensionale Dinge erschaffen. Dies möchte ich Ihnen anhand der Beispiele aufzeigen.

Aktionstablett 1: Bauen in 3D

Sie benötigen:

- eine Lego Duplo Platte, am besten an die Wand angebracht

- Lego Duplo Steine

So funktioniert es:

Das Kind kann nun die Lego Duplo Steine auf der Platte befestigen. Hierbei kann es versuchen, die Steintürme so weit wie möglich heraus zu bauen, ohne dass diese abstürzen.

Was gefördert wird:

Der taktile Sinn, der visuelle Sinn, die Auge-Hand-Koordination und die Grob- und Feinmotorik werden geschult. Ebenfalls kann das Kind erkennen, wie viele Steine es übereinander stapeln kann, ehe der Turm abstürzt.

Aktionstablett 2: Lego-Labyrinth

Sie benötigen:

- ein Tablett
- eine Legoplatte
- einen Korb mit Legobausteinen
- Murmeln
- eine Bauanleitung für ein Labyrinth

So funktioniert es:

Mit der Bauanleitung für das Labyrinth kann das Kind das Labyrinth selber aufbauen. Anschließend kann es die Murmeln hindurch rollen lassen, bis diese schließlich am Ziel ankommen. Wenn das Kind ein Gefühl dafür bekommt, wie man ein Labyrinth bauen kann, dürfen Sie die Anleitung vom Tablett entfernen, damit die Kinder dieses nach seinen Wünschen bauen kann.

Was gefördert wird:

Durch selbstständiges Agieren wird die Auge-Hand-Koordination, die Ausdauer und der taktile Sinn geschult. Ebenfalls wird die Kreativität und die Fantasie des Kindes gefördert.

Aktionstablett 3: Papphindernisse

Sie benötigen:

- einen Pappkarton
- Toilettenpapierrollen
- einen Ball

So funktioniert es:

Sie können je nach Entwicklungsstand des Kindes entscheiden, ob Sie die Papprollen aufkleben oder ob dies die Kinder selber machen. Anschließend kann das Kind versuchen, den Ball durch geschicktes Bewegen des Pappdeckels durch die Papprollen zu lenken. Um das Ganze zu steigern, können Sie die Rollen auch beschriften.

Was gefördert wird:

Dieses Tablett fördert die Auge-Hand-Koordination, die Grob- und Feinmotorik, die Konzentration, aber auch den taktilen Sinn und die Beweglichkeit. Sobald die Rollen beschriftet sind, werden auch die Zahlenkenntnisse geschult.

Aktionstablett 4: Pinnbrett

Sie benötigen:

- ein Tablett
- eine Pinnwand
- Pinnnadeln
- Buchstabenkarten (3D mit Samt oder Sandpapier aufgeklebt)
- Zahlenkarten (3D mit Samt oder Sandpapier aufgeklebt)

So funktioniert es:

Auf den Karten, je nachdem, welche Sie auswählen, können die Kinder die Buchstaben oder Zahlen erst einmal durch Fühlen kennenlernen. Anschließend kann das Kind die Buchstaben oder Zahlen mit Pinnnadeln auf dem Tablett nachstecken.

Was gefördert wird:

Der taktile Sinn, der visuelle Sinn, die Auge-Hand-Koordination und die Grob- und Feinmotorik werden mit diesem Angebot optimal geschult. Ebenso lernt das Kind die Buchstaben und Zahlen Schritt für Schritt kennen und kann sich diese einprägen.

Aktionstablett 5: Murmelstatuen

Sie benötigen:

- ein Tablett
- eine Styroporplatte
- Murmeln
- eine Pinzette
- einen Korb für das Material
- Golftees

So funktioniert es:

Stellen Sie dem Kind das Tablett mit allen Materialien zur Verfügung. Lassen Sie das Kind diese erst einmal betrachten. Es wird selbstständig die Golftees in die Styroporplatte stecken und herausfinden, dass man die Murmeln darauf platzieren kann. Lassen Sie es zunächst mit den Fingern arbeiten, bevor es letztlich die Pinzette benutzt, um die Murmeln damit aufzunehmen und diese auf den Golftees zu platzieren.

Tipp: Um das Ganze zu steigern, können Sie auch Tischtennisbälle wählen und diese mit Zahlen beschriften. Mit einem Edding können Sie eine Linie auf die Styroporplatte zeichnen und ebenfalls mit Zahlen kennzeichnen. Das gleiche machen Sie auch mit den Golftees. So kann das Kind die Gegenstände anhand der Zahlen zusammenführen.

Was gefördert wird:

Das Angebot schult die Auge-Hand-Koordination, die Feinmotorik, den taktilen und den visuellen Sinn.

Literaturtipps

Besonders zum Kapitel *12 – Experimente* gäbe es so vieles mehr zu erzählen und anzubieten. Welche Experimente Sie letztlich wählen, liegt in Ihrem Ermessen und ist vom Entwicklungsstand der Kinder Ihrer Gruppe abhängig. Damit Sie aber stets tolle Ideen für die Umsetzung auf Ihren Tabletts finden können, habe ich hier eine kleine Sammlung verschiedener Werke für Sie zusammengestellt:

1) 50 leichte und spannende Experimente für Kinder

Naturwissenschaftliche Alltagsphänomene mit Kita-Kindern erforschen. Kita-Praxis – einfach machen! Wohin geht die Pfütze, wenn die Sonne scheint? Warum ist der Himmel manchmal grau und dann wieder blau? Und was macht der Regenwurm unter der Erde? Kita-Kinder haben großes Interesse an den Dingen, die in ihrer Umwelt passieren. Dazu gehören auch naturwissenschaftliche Phänomene, die ihnen im Alltag begegnen. Experimente aus der Erfahrungswelt der Kinder machen Spaß und regen zum Forschen und Entdecken an.

In diesem Buch finden Sie spannende und leicht umsetzbare Experimente zu den Themen Wasser, Boden und Himmelskörper – die garantiert gelingen. Detaillierte Informationen zu Material, Vorüberlegungen mit den Kindern und Versuchsdurchführung sorgen für eine einfache Umsetzung. Zu jedem Experiment liefern die Autoren auch hilfreiche Tipps, Tricks und kleine Zusatzexperimente. So gelingt naturwissenschaftliche Bildung und macht allen Beteiligten Spaß.

---

96 Seiten

Broschiert / Klebeheftung

ISBN-13: 9783834651952

ISBN-10: 3834651958

---

2) Experimentieren und Entdecken (Wieso? Weshalb? Warum?, Band 29) (Deutsch)

- Mit über 30 einfachen Experimenten zu Luft und Wasser
- Gemeinsam Alltagsphänomenen auf die Spur kommen
- Kinder ab 4 Jahren begegnen spielerisch den Naturwissenschaften zum ersten Mal

Weil Kinder neugierig sind und alles wissen wollen, sind sie die geborenen Wissenschaftler. Mit Hilfe der aufschlussreichen Experimente in diesem Buch tasten sie sich an die Welt der Chemie und Physik heran. Durch eigenes Ausprobieren enträtseln kleine Forscher die wichtigsten Geheimnisse von Luft und Wasser und erfahren beispielsweise etwas über Verdunstung, Oberflächenspannung und Luftdruck. Alle Experimente sind einfach, unbedenklich und wiederholbar. Und das Material dazu findet sich in jedem Haushalt.

ISBN-10 : 3473333026

ISBN-13 : 978-3473333028

3) Erste Experimente für kleine Forscher: Ein spielerischer Einstieg in die Welt der Naturwissenschaften für Kinder ab 3 Jahren

Ob im Kindergarten oder in der Grundschule – kleine Forscher sind überall zu finden. Dieses Buch wird ihre Neugier befriedigen, indem es einen spielerischen Einstieg in die Welt der Naturwissenschaften eröffnet. In kurzen kindgerechten Texten, kombiniert mit illustrierten Versuchsschritten und Utensilien, werden die Experimente in diesem Buch vorgestellt. Dafür werden nur wenige Dinge aus dem Haushalt benötigt. Gleichzeitig wird gezeigt, wo uns die Phänomene des täglichen Lebens wieder begegnen. Gegliedert sind die Experimente nach Eigenschaften: leicht und schwer, voll und leer, schnell und langsam, flüssig und fest usw. Zusammen mit einem Erwachsenen können die Kinder Vielfältiges basteln und ausprobieren, vom tönenden Lineal bis zur Wasserschaukel.

Gebundene Ausgabe: 80 Seiten

ISBN-10 : 3809436283

ISBN-13 : 978-3809436287

---

4) 50 knifflige Experimente (Karten für Kinder) (Deutsch) Karten

Du willst nicht nur wissen, wie unsere Welt funktioniert, sondern es selbst ausprobieren? 50 Karten in der Box zeigen dir abwechslungsreiche Experimente. Auf jeder Karte findest du spannende Fragen und wie du diese selbst aufdecken kannst. Klare Anleitungen mit anschaulichen Bildern auf der Vorderseite zeigen dir, wie du am besten vorgehst. Auf der Rückseite findest du umfassende Erklärungen zu deinem durchgeführten Experiment.

Karten: 50 Seiten

ISBN-13 : 978-3817493401

---

5) Das knallt dem Frosch die Locken weg: Experimente für kleine und große Forscher

Krach, Qualm, Knacks! Das Forscherbuch mit „Aha"- und „Wow"-Effekt. Schleimschwimmen in der Badewanne, Malen mit Maden, Geheimbotschaften in brennender Tinte, Spiralgalaxien im Waschbecken und Monsterhörner frisch aus dem Blumentopf gezüchtet. Dr. „Made" Mark Benecke stellt seine Lieblingsexperimente vor, jede Menge Quatsch, Matsch und Rauch für Neugierige und naturwissenschaftlich Interessierte.

Die Leser können die allesamt ungewöhnlichen und überraschenden Experimente einfach nachstellen und lernen dabei auch noch das eine oder andere naturwissenschaftliche Grundprinzip kennen. Der bekannte Bestseller-Autor und Forscher Dr. Mark Benecke hat ein hier ein ultimatives Experimentierbuch zusammengestellt. Auf seine unkonventionelle und respektlose Art verführt er dabei so manchen, es selbst einmal zu versuchen. „Nicht zu toppen! Es gibt haufenweise Experimentier-Bücher, aber gegen dieses hier können die alle einpacken!" (Die Zeit)

Gebundene Ausgabe: 176 Seiten

ISBN-13 : 978-3789184376

ISBN-10 : 3789184373

---

6) Woozle Goozle – Experimente mit Wumms!

Willkommen in der verrückten Experimentier-Werkstatt von Woozle Goozle! Ob leuchtende Götterspeise, Elefantenzahnpasta, ein Vulkanausbruch in der Küche oder selbst gezüchtete Kristalle: Schritt für Schritt erklärt die beliebte SUPER RTL-Figur über 80 kreative Projekte mit haushaltsüblichen Materialien. Beim Ausprobieren lernen Experimentierfans ab 8 Jahren jede Menge Spannendes über physikalische Kräfte, chemische Reaktionen oder Elektrizität.

Mit Woozle Goozle Naturwissenschaften für Kinder entdecken Woozle Goozle lässt junge Erfinderherzen höher schlagen! In den beiden Wissensmagazinen für Kinder Woozle Goozle und Woozle Goozle und die Weltentdecker bei TOGGO auf SUPER RTL begeistert er täglich mit witzigen Erfindungen und ungewöhnlichen Experimenten.

Dabei lernen Kinder spielerisch die wichtigsten naturwissenschaftlichen Gesetze und Prinzipien. Hauptsache mit viel Wumms – das vorlaute, blaue Plüschtier liebt alles, was explodieren kann und dieser Vorliebe lässt er auch in diesem coolen Kindersachbuch freien Lauf:

• über 80 verblüffende Kinder-Experimente • Witzige Kommentare von Woozle Goozle • Spannende naturwissenschaftliche Hintergrundinfos zu den Projekten

• Ideale Ergänzung zum Schulunterricht

Tüfteln, Erfinden und spielerisch die Naturwissenschaften entdecken mit TOGGO-Star Woozle Goozle! Mit diesen abwechslungsreichen Kinder-Experimenten hat Langeweile keine Chance!

Gebundene Ausgabe: 144 Seiten

ISBN-10 : 3831040877

ISBN-13 : 978-3831040872

---

7) Wer oder was sind „Haus der kleinen Forscher"?

Die gemeinnützige Stiftung „Haus der kleinen Forscher" engagiert sich bundesweit für gute frühe Bildung in den Bereichen Mathematik, Informatik, Naturwissenschaften und Technik (MINT) – mit dem Ziel, Mädchen und Jungen stark für die Zukunft zu machen und zu nachhaltigem Handeln zu befähigen.

Hier geht es zum Haus der kleinen Forscher:

https://www.haus-der-kleinen-forscher.de/de/fortbildungen

Stiftung Haus der kleinen Forscher
Rungestraße 18
10179 Berlin
Wegbeschreibung (PDF)
Tel 030 27 59 59 -0
Fax 030 27 59 59 -209
info@haus-der-kleinen-forscher.de
https://www.haus-der-kleinen-forscher.de/de/kontakt

Schlusswort

Ich hoffe, dass Ihnen das Buch ausreichend Anreize und Informationen rund um das Thema Aktionstabletts bieten konnte und Sie diese mit Freude Ihrer Kindergartengruppe vorstellen werden.

Maria Montessori wusste schon zur damaligen Zeit, dass Kinder nicht nur den Trubel brauchen und lieben, sondern auch, dass sie die Zeit für sich benötigen, um herunter fahren zu können. In der Ruhe liegt die Kraft, wie man so schön sagt oder wie Maria Montessori einst sagte: „Die Sinne isolieren". Natürlich ist es nicht so gedacht, dass diese Aktionstabletts und die Materialien für die Sinne andere Eindrücke einfach so ersetzen sollen. Es ist eher so gedacht, dass sie den Kindern die Möglichkeit bieten, eigens gemachte Erfahrungen zu ordnen, sie auch benennen zu können, sie ebenso zu verfeinern und letztlich eigene und neue Erkenntnisse daraus zu ziehen. Diese können sie dann einfacher auf ihre Umwelt übertragen.

Kurzum: Die Aktionstabletts helfen den Kindern auch, sich im Alltag besser zurechtzufinden und selbstständig zu handeln. Die Aktionstabletts sind aber nicht nur optimale Möglichkeiten, Kindern zu ermöglichen, in Ruhe etwas zu lernen und selbstständig ausführen zu können. Vielmehr sind sie als Einladung zu betrachten, denn es gibt viel Neues auf den verschiedenen Tabletts zu entdecken.

Außerdem bieten sie einen Rahmen, welcher davor schützt, von äußeren Reizen und Eindrücken nicht überfordert oder abgelenkt zu werden. Mit den Tabletts können Kinder verschiedene Sachen erforschen und Impulse aufgreifen. Also, worauf warten Sie noch? Betrachten Sie dieses Buch mit all den wunderbaren Aktionstabletts ebenfalls als eine Einladung, mit den Kindern gemeinsam etwas Neues auszuprobieren und zu lernen. Durch die intensive Beobachtung der Kinder können auch Sie Einiges lernen, nämlich über das Kind und seine Stärken.

Quellen

https://www.grin.com/document/106861

https://www.jako-o.com/de_DE/magazin/kindererziehung/koerperliche-entwicklung/sinneswahrnehmung-bei-kindern

https://www.geo.de/geolino/basteln/15225-thma-experimente

https://www.erzieher-im-austausch.de/ideenb%C3%B6rse/aktionstabletts/

https://kitakram.de/aktionstabletts-in-krippe-kindergarten-oder-hort/

Wir danken Ihnen für Ihr Interesse und Ihr Vertrauen. Als Dankeschön dafür, haben wir eine besondere Überraschung. Wir haben exklusiv für Sie **„Der Guide zum Erstellen eigener Aktionstabletts inklusive Checkliste für Materialsammlung"**. Und diese erhalten Sie vollkommen kostenlos. Das klingt wunderbar? Dann warten Sie nicht lange und holen Sie sich Ihr Gratis-Geschenk.

Hier geht es zu Ihrem Gratis-Geschenk:

https://forms.gle/oosqm8jJbfGwegmh6

1. **Öffnen Sie die Kamera-App auf Ihrem Smartphone und richten Sie die Kamera auf den QR-Code.**
2. **Klicken Sie auf den Link, der Ihnen angezeigt wird und schon werden Sie zur Website weitergeleitet.**

Impressum

Herausgeber: Orbita Media Verlag GmbH & Co. KG / Ericusspitze 4 / 20457 Hamburg
Kontakt: kontakt@empireofbooks.de
Website: https://empireofbooks.de
Coverbild: Shutterstock

Haftungsausschluss:
Die Nutzung dieses Buches und die Umsetzung der enthaltenen Informationen, Anleitungen und Strategien erfolgt auf eigenes Risiko. Der Autor kann für etwaige Schäden jeglicher Art aus keinem Rechtsgrund eine Haftung übernehmen. Haftungsansprüche gegen den Autor für Schäden materieller oder ideeller Art, die durch die Nutzung oder Nichtnutzung der Informationen bzw. durch die Nutzung fehlerhafter und/oder unvollständiger Informationen verursacht wurden, sind grundsätzlich ausgeschlossen. Rechts- und Schadenersatzansprüche sind daher ausgeschlossen. Dieses Werk wurde sorgfältig erarbeitet und niedergeschrieben. Der Autor übernimmt jedoch keinerlei Gewähr für die Aktualität, Vollständigkeit und Qualität der Informationen. Druckfehler und Falschinformationen können nicht vollständig ausgeschlossen werden. Es kann keine juristische Verantwortung sowie Haftung in irgendeiner Form für fehlerhafte Angaben vom Autor übernommen werden. Die bereitgestellten Analysen, Vorschläge, Ideen, Meinungen, Kommentare und Texte sind ausschließlich zur Information bestimmt und können ein individuelles Beratungsgespräch nicht ersetzen. Alle Informationen dieses Buches entsprechen dem Kenntnisstand zum Zeitpunkt des Verfassens dieses Buches. Eine Haftung für mittelbare und unmittelbare Folgen aus den Informationen dieses Buches ist somit ausgeschlossen.
Informieren Sie sich weitläufig aus unterschiedlichen Quellen und bedenken Sie, dass am Ende nur Sie für die Entscheidungen verantwortlich sind.

Haftung für externe Links:
Unser Angebot enthält Links zu externen Websites Dritter, auf deren Inhalte wir keinen Einfluss haben. Deshalb können wir für diese fremden Inhalte auch keine Gewähr übernehmen. Für die Inhalte der verlinkten Seiten ist stets der jeweilige Anbieter oder Betreiber der Seiten verantwortlich. Die verlinkten Seiten wurden zum Zeitpunkt der Verlinkung auf mögliche Rechtsverstöße überprüft. Rechtswidrige Inhalte waren zum Zeit-punkt der Verlinkung nicht erkennbar.